臨床現場で活かす！

日本臨床MMPI研究会=監修
野呂浩史・荒川和歌子・井手正吾=編集

よくわかる
MMPI
ハンドブック 基礎編

金剛出版

序　文

　2011年7月に金剛出版より『わかりやすいMMPI活用ハンドブック──施行から臨床応用まで』が刊行されてから約7年間が経過した。同書を刊行した理由は，日本において，MMPIを単独で初心者向けに解説したテキストが少なかったためであった。しかし，この間，同書を参考にMMPIを理解し活用された方々が確実に増加し，MMPI普及に少なからず貢献させていただいたと自負している。しかし，この数年の間でDSM-5が世に出て疾患概念の変更があった。また，同書は，基礎編と症例と研究が混在しており，呈示した症例の種別の偏りも指摘されていた。

　こうした現状において，『臨床現場で活かす！　よくわかるMMPIハンドブック（基礎編）』を刊行した目的は，日本臨床MMPI研究会会員からのさまざまな意見もあり，臨床現場で活かすための，より基礎的な実用版の要望が多かったことに尽きる。当研究会の初学者研修においても，もう少し基礎的な知識を身につけて参加されたほうがよいと思われる方も少なからず見受けられた。基礎編に特化した本書は，まさに臨床現場で活用していただきたいと思う必携書である。心理系大学に在籍されている学生にMMPIをより学んでもらうことも，本書を作成した目的のひとつである。初学者がMMPIを既存の書物で学習することはなかなか困難を伴うこともあろう。大学の教官に質問しつつ本書を参考に，ご自分あるいは友人のMMPIを試しに施行してみていただきたい。

　いずれ，本書は電子書籍も発売される予定であり，さまざまな媒体を通してMMPIの基礎を身につけていただきたい。そして，基礎を習得された方は症例検討を積み重ねてMMPIに関する論文を書いていただきたい。それらが集積したら，今度は本書の姉妹書として症例編が刊行されることであろう。

さて，2010年5月に発足した日本臨床MMPI研究会（http://mmpi.jp/）は，本書刊行現在，会員数が150名を超えた。会員は主に臨床心理士と医師で構成されている。臨床心理士の職域としては病院臨床，学校や企業のメンタルヘルス担当，矯正施設など司法領域，心理学研究者など幅広い領域にわたっている。医師は精神科，心療内科のみならず麻酔科，小児科など身体科を専門とする方も多い。病院臨床の場合，医師がMMPI実施の指示を出し，心理技術者が施行したMMPIの結果を理解し，患者に結果をフィードバックするという流れをとることが多い。2018年から国家資格として誕生する公認心理師は，さまざまな専門職種が関わる現代のチーム医療において，従来に比してその役割の重要性を増すであろう。多職種が連携し，MMPIの結果を通して患者の病態をスタッフ全員が理解し共有することは，極めて有益で合理的な行為といえ，本書が少なからず役に立てれば望外の喜びである。

　この機会に，MMPIはどのような疾患に利用されているのか，過去10年の日本における文献を調査した。その結果，慢性疼痛，心身症，睡眠障害，摂食障害などを治療する身体科を専門とする医師が著者となっていることが多かった。パーソナリティ検査として精神科領域からの発表が多いと予測した私にとってこの結果は予想に反したが，MMPIが病院臨床の幅広い診療科で使用され浸透しつつあることを喜ぶべきことと考えた。

　本書作成にあたりご多忙のところご執筆いただいた井手正吾氏，荒川和歌子氏，松原弘泰氏，岡村由美子氏に厚く御礼申し上げます。また，本書刊行にご理解とご支援をいただいた金剛出版および編集担当の藤井裕二氏に感謝申し上げます。

　2017年　晩秋の札幌にて

野呂浩史
日本臨床MMPI研究会

目　次

3 ── 序　文●野呂浩史　　6 ── 樹形マップ『MMPI』

1　MMPIを知るためのQ&A
7

質問者●日本臨床MMPI研究会会員　回答者●井手正吾　荒川和歌子

2　MMPIを理解しよう！
21

23 ── MMPI実施の手順　荒川和歌子　野呂浩史

27 ── MMPIの概要・施行・結果処理　井手正吾

3　MMPIをはじめよう！
67

69 ── 臨床的解釈の基礎　荒川和歌子

4　MMPIをケースでまなぼう！
131

133 ── [症例①]戸籍変更のため性別違和の診断を求めて
受診した症例　荒川和歌子　野呂浩史

143 ── [症例②]記憶に関する不安を抱えて来談した症例
松原弘泰

157 ── [症例③]心因性非てんかん性発作（PNES）と
診断された症例──MMPIとテストバッテリーの意義
岡村由美子　荒川和歌子

175 ── 索　引　　182 ── 編者略歴　　183 ── 著者略歴

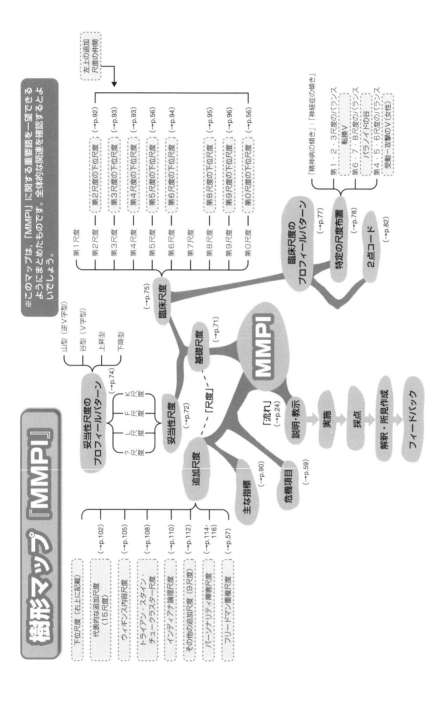

4321

MMPIを知るための
Q&A

質問者●日本臨床MMPI研究会会員
回答者●井手正吾
　　　　荒川和歌子

Q1 MMPIは何歳から施行できますか？

A 新日本版では「15歳以上で小学校卒業程度以上の読解力を有する人」が対象となります（MMPI新日本版研究会（1993）による）。MMPI-1では「思春期以降，中学生が適用下限」とされています（村上・村上（2009）による）。海外ではもっと下の年齢の規準も用意されているようですが，日本で実施する場合は新日本版，MMPI-1など，それぞれの版の実施規程に沿うことが望ましいでしょう。

Q2 MMPIの施行を避けたほうがよい場合はあるでしょうか？

A 被検者が精神的にあまりに不安定な状態であるなど，MMPIに限らずそもそも心理検査の実施を控えたほうがよい場合がまず挙げられます。また，検査環境が適切か（被検者にあまりにも大きな負担を強いることがないか），施行・集計・解釈などを適切に行うことができる検査者がいるかということも，MMPIに限らず心理検査実施のうえで重要な点でしょう。そのうえで年齢や読解力の基準を満たす必要があります。読解力と関連して知的能力の水準が問題となることがありますが（Q8を参照），検査者が質問項目内の語句について辞書的な説明をすることは認められているため，そういったサポートがあれば実施可能となる場合も多いようです。また視覚的な障害のある被検者にも，読み上げ音声の録音などを用いて実施する場合があります。

Q3 MMPIの施行にはどのくらいの時間がかかりますか？

A 被検者の状態にもよるため，個人差が大きいでしょう。新日本版のカード式（550項目）で，早い方では30〜40分，多くの方が1時間くらいで回答を終えられるようです。冊子式だともう少し時間がかかるかもしれませんが，タイプA質問票を利用した場合は，やは

MMPIを知るためのQ＆A　第1章　9

り1時間＋αという方が多いでしょう。MMPI-1でも個人の平均回答時間は1時間程度です（村上・村上（2009）による）。抑うつが強い，読解力の問題がある，強迫的な傾向があるなどにより所要時間が長くなり，衝動性や非協力的態度などにより短くなるといわれています。したがってどのくらいの時間を要したかも重要な情報であり，記録しておくことが望ましいです。

Q4 被検者（特に患者さんの場合）の負担について注意することはありますか？

A まずは，心理検査全般でいわれている原則を踏まえてください。検査実施のタイミングの適切さ，行う検査の数とその侵襲性も検討してください。MMPIに限定していうと，実施形式を工夫することで被検者の負担を減らすことは可能だと思われます。新日本版であれば，カード式，タイプA質問票を用いた冊子式，タイプB質問票を用いた冊子式の順に被検者の負担が重くなり，カード式が最も負担の少ない方式です。当然ながら逆の順で検査者の負担は重くなり，カード式が最も集計の手間がかかります。被検者の負担を最小限にすることを考えるならば，実施形式はカード式が望ましいでしょう。なお，被検者の負担を減らそうとして短縮版での実施を考える場合もあると思いますが，以下の理由からあまりお勧めできません。つまり，短縮版といっても合計383項目という多くの項目に回答してもらわねばならないのに対し，ここから算出できる尺度得点は基礎14尺度の得点のみです。550項目の回答が得られることで利用できる追加尺度の数は格段に増えます。被検者の利益と負担とを天秤にかけて考えると，「原則として全550項目を回答，負担減は実施形式の工夫で」というのが適切な実施形式だと考えられます（第2章を参照）。

Q5 自動解釈システムのメリットとデメリットを教えてください。

A 　メリットとしては，解釈に慣れた心理士などがいなくても結果を得られること，より簡便に短時間で結果が得られることです。コンピュータを用いて機械的に解釈が作成されるので，より客観的である（解釈者の主観やクセが入りにくい）という考えもあります。一方デメリットとしては，被検者の臨床的背景や検査態度，検査にかかった時間など，質問項目への回答以外の情報が反映できないことが挙げられます。これはメリットと裏表になっている部分でしょう。また，MMPIの尺度はやや多義的な意味をもつものが多く，他の尺度とのバランスや被検者の臨床的背景などを踏まえてより詳しく解釈できることがあります。自動解釈のシステムにもこういった面は反映されていることが多いのですが，熟練の解釈者ほど細かい点まで拾いきれない可能性はあるかもしれません。

Q6 「どちらでもない」（2択で回答できない項目）がどのくらいあると結果の解釈ができなくなりますか？

A 　新日本版では「『あてはまる』とも『あてはまらない』ともどうしても決められないものは10個以上にならないこと」という主旨の教示が行われ，どちらとも決められない項目を9個以下に抑えることが求められます（MMPI新日本版研究会，1993）。MMPI-1では「？」が11個以上あると被検者に注意を促すシステムになっていますが，「『？』の尺度は今まで考えられてきたほど重要でない」という立場もあり，明確な数の制限はないようです（村上・村上（2009）による）。一般的には「？」の回答が30個を超えると妥当性を欠くといわれています。いずれにしても2択で回答できない項目はできるだけ少なく抑えるのが望ましいでしょう。

Q7 新日本版の冊子式とカード式，それぞれのメリットとデメリットを教えてください。

A 　Q4でも説明したように，カード式，タイプA質問票を用いた冊子式，タイプB質問票を用いた冊子式の順に被検者の負担が重くなり，カード式が最も負担の少ない方式といえます。カード式は，質問項目が書かれたカードを「あてはまる」「あてはまらない」と書かれたそれぞれの箱に分けていく方法で，ワークのように楽しんで取り組む被検者も多いようです。当然ながら逆の順で検査者の負担は重くなり，カード式が最も集計の手間がかかることがデメリットです。ちなみに検査用具はカード式セットが35,000円，タイプA質問票（10部）が7,000円，タイプB質問票（10部）が6,000円です（「三京房2017年心理検査カタログ」による）。このうちタイプA質問票は冊子に直接回答を書き込むため，一度しか使用できず，いわゆる「使い捨て」となります。

Q8 回答に際して被検者にはどのくらいの知的能力が必要でしょうか？ IQ80以上は必要だと聞いたことがあります。だとすればIQがそれより低い被検者への実施について，何か工夫できることはあるでしょうか？

A 　たしかにテキスト（Friedman et al., 1989/1999）には「IQは最低でも80はなければならない」という記載がありますが，同時に「それよりいくらか低くても実施できる場合もある」とも書かれています。そもそも測定されたIQが絶対的なものとは限りませんし，問題となるのは，その方の読解力がMMPI実施に耐えうるかどうかでしょう（Q2を参照）。これについては，検査者が質問項目内の語句について辞書的な説明をすることは認められているため，そういったサポートを検討できるでしょう。またカード式で実施するなど，実施形式の面からも被検者の負担を減らす工夫もできます（Q7を参照）。

Q9 いわゆる発達障害（自閉スペクトラム症）の方のプロフィールに特徴はあるのでしょうか？

A 日本における研究はほとんどありませんが，広汎性発達障害の4症例に第6尺度の上昇が共通して見られたという研究報告があります（新谷，2008）。新谷（2008）は，この第6尺度の上昇について「二次障害的に対人関係を迫害的に受け止めるに至っている可能性」と考察しています。一方，海外ではいくつか研究があり，たとえばOzonoff et al.（2005）は，高機能の自閉スペクトラム症群（成人20名）において，基礎尺度ではL尺度，第2尺度，第0尺度，追加尺度では社会的不快感の尺度，抑圧の尺度，内向性の尺度が高かったと報告しています。たしかにOzonoff et al.（2005）の研究はMMPI-2を用いたものでもあり，結果を単純に日本の臨床現場に適用することはできないでしょう。しかし社会性やコミュニケーションに関連する尺度や，二次障害と関連するような尺度（たとえば緊張や抑うつ関連の尺度など）に特徴が見られることは，その臨床像からも推測できるように思います。

Q10 MMPIの質問項目文や尺度構成を一般の人に周知してもよいでしょうか？　また，MMPIの検査用紙類をコピーしたりデータ化したりして使ってもよいでしょうか？

A 他の心理検査でも同様ですが，検査の内容（質問項目や提示刺激など）をみだりに周知することは禁止されています。これは情報に触れた人が後にその心理検査を受けることになった場合の不利益という側面，さらにその心理検査の著作権・出版権の侵害という側面なども関係してくる重大な問題です。

たとえば日本心理臨床学会の倫理綱領第3条第2項には「査定技法の開発，出版又は利用に際し，その用具や説明書等をみだりに頒布することを慎まなければならない。また，心理検査や査定に関する不適切な出版物や情報によって，査定技法やその結果が誤用・悪用されることがないよう注意しなければならない」とあります。ま

MMPIを知るためのQ & A｜第1章｜**13**

た日本臨床心理士会の倫理綱領第7条第6項にも「心理査定に用いられる用具類及び解説書の出版，頒布に際しては，その査定法を適切に使用するための専門的知識及び技能を有しない者が入手又は実施することのないよう，十分に留意しなければならない。また，心理査定用具類は，学術上必要な範囲を超えてみだりに開示しない」とあります。著作権についての記載としては，MMPI新日本版の販売元である三京房の心理検査カタログに「心理検査は心理学・医学の専門家が使用されるものです。取り扱いには十分ご注意ください。心理検査は著作物であり，著作権が発生します。臨床利用・研究利用を問わず，無断での複製・転載は固くお断り申し上げます」とあります。これらのことから，質問項目文の周知はもちろん，検査用紙の無断コピーおよびデータ化も許されていません。

Q11 MMPIは質問項目数が多すぎると感じるのですが，それでも短縮版ではなく，550項目を実施したほうがよいでしょうか？

A Q4で説明したように，被検者の負担を減らそうとして短縮版で実施することはあまりお勧めできません。短縮版といっても383項目ですから，結局多くの項目に回答してもらわなくてはならないにもかかわらず，算出できる尺度得点は基礎14尺度の得点のみです。一方，550項目の回答が得られることで利用できる追加尺度の数は格段に増えます。被検者の利益と負担とを天秤にかけて考えると，「原則として全550項目を回答，負担減は実施形式の工夫で」というのが適切だと考えられます（実施形式の工夫についてはQ7を参照）。

Q12 MAC（マックアンドリュー・アルコール症尺度）の採点キーについて質問です。『MMPIによる心理査定』（Friedman et al., 1989/1999）では「あてはまる」に項目215，「あてはまらない」に項目460が含まれていますが，新日本版マニュアルの採点キーにはこの2項目が含まれていません。どちらが正しいのでしょうか？

A MACのオリジナルは51項目から構成された尺度で，経験的手法，外的基準（第2章を参照／MacAndrew, 1965；塩谷ほか，2015）によってつくられています。MACに関する研究は多く，オリジナル項目にはアルコールや依存などに直接関係するものが2項目あり，それを除いたほうがよいのではないかという研究もあります。MACが49項目で採点されることが多いのはそのためです。なお，『MMPIによる心理査定』にはオリジナルの51項目が，『新日本版MMPIマニュアル』には49項目が記載されています。つまり，どちらが正しいというよりも，それぞれの考え方や基準の違いによって項目数が異なっていると考えるとよいでしょう。

Q13 『新日本版MMPIマニュアル』と『MMPIによる心理査定』（Friedman et al., 1989/1999）の2冊から得られるデータは表の通り（○が入

表

尺　度	採点キー	T得点換算表 （新日本版）	平均と標準偏差 （新日本版）
妥当性尺度	○	○	○
臨床尺度	○	○	○
代表的な追加尺度	○	○	○
ハリス・リングース下位尺度	○	○	● (1)
ウィギンス内容尺度	○	○	● (1)
明瞭・隠蔽尺度 （ウィーナ・ハーモン）	○	○	● (1)
トライアン・スタイン・ チュークラスター尺度	○	○	● (1)
サコウネクの第5尺度， 第0尺度の下位尺度	○	○	● (1)
フリードマン重複尺度	○	● (2)	● (2)
インディアナ論理尺度	● (2)	● (2)	● (2)
パーソナリティ障害尺度	● (2)	● (2)	● (2)

＊「サコウネクの第5尺度，第0尺度の下位尺度」および「フリードマン重複尺度」は第2章を参照。詳しくは『MMPIによる心理査定』（Friedman et al., 1989/1999）を参照のこと。

手可能）ですが，●のデータはどうすれば入手できますか？

A 「●（1）」については『MMPI新日本版の標準化研究』（MMPI新日本版研究会，1997）に載っています。「●（2）」については論文（井手，2012，2013）に載っています。

Q14 Fb尺度というのはどのような尺度でしょうか？　あまり注目する必要がない尺度なのでしょうか？

A Fb尺度はマイノリティのためのF尺度です。多民族文化圏で使用されることを目的としており，日本ではあまり役に立たない（通常のF尺度の使用でよい）という考えもあります。

Q15 パーソナリティ障害の可能性について示唆する場合，MMPI結果のどのような点に注目すればよいでしょうか？　パーソナリティ障害尺度はどのように位置づけられますか？

A まず基礎尺度を含めた全体の印象から，さらに臨床上の情報があれば，それも踏まえて病態水準（主たる問題）に見当をつけます。基礎尺度の布置も重要な材料ですし，フリードマン重複尺度（第2章を参照。詳しくは『MMPIによる心理査定』（Friedman et al., 1989/1999）を参照のこと）の得点を算出してあれば，そのバランスも参考にします。ちなみにフリードマン重複尺度ではどちらかというと，個々の尺度得点よりも3つの尺度のバランスが重要と考えられています。その後，どのようなパーソナリティ特徴があるのかを見るためにパーソナリティ障害尺度群を参照します。というのは，あるパーソナリティ障害尺度が高くなっても，必ずしもパーソナリティ障害と診断されるとは限らないからです。まずは主たる問題を見極め，そこにパーソナリティ特徴を組み込んでいく手順になります。『MMPI追加尺度の臨床的応用 第2版』（Levitt & Gott, 1995/2012）には各パーソナリティ障害と関連する追加尺度についての詳しい記述があるので，いずれかのパーソナリティ障害ではないかと推測できている場合などは参考になります。

Q16 F尺度が非常に高いプロフィールでも機械的に「妥当性なし」とするのではなく，注意しつつ解釈するということを学びました。それでも，高いF尺度によって結果に妥当性がない，あるいは妥当性に著しく疑問がもたれると判断することもあるのでしょうか？

A たとえば病院臨床の場面で，被検者にしっかりと説明し，同意が得られたうえでMMPIが実施された場合，「妥当性なし」と判断せざるをえない結果に出会うことはほぼないという印象があります。被検者（患者）はたいがい，自分自身のため懸命に検査に取り組みますし，たとえF尺度がかなり上昇していても，いわゆる「援助を求める叫び」（第3章を参照）と解釈できることがほとんどです。「プロフィールはより病的な方向に誇張されているようだ」（より悪く見せかけている，そういう意味で歪みがある）という点は非常に大事ですが，「妥当性なし」とは判断しません。唯一の例外は「重篤な精神病理を示すことで明らかに二次的な利得がある場合」，つまり詐病の可能性が考えられる場合です。病院臨床よりも，たとえば司法領域などではこういった結果に出会うことが多いかもしれません。ここからわかるのは，F尺度の高さそのものだけでなく，MMPIがどのような場面・状況で実施されたかが重要だということです。妥当性尺度が極端な谷型（V字型）布置の際にも，検査状況を考慮してプロフィールの歪みに注意する必要があります。

　妥当性の問題に関連して，いわゆる「デタラメ回答」（項目内容を吟味せずにランダムに回答すること）や，すべて「あてはまる」と回答すること，すべて「あてはまらない」と回答することにも注意が必要です。こういった回答パターンこそ「妥当性なし」と判断されます。すべてに「あてはまる」「あてはまらない」と回答した結果はすぐに見つけられると思いますが，「デタラメ回答」がどのようなプロフィールパターンになるのかについては知っておくとよいでしょう。テキスト（Friedman et al., 1989/1999）によれば，妥当性尺度布置は山型となり，一見「援助を求める叫び」の布置に似ていますが，比較するとL尺度とK尺度がはるかに上昇することが特徴です。

MMPIを知るためのQ＆A　第1章

Q17 MMPIの使用は人権侵害だという内容の新聞記事を読みましたが，実際はどうなのでしょうか？

A 心理臨床の現場で被検者にしっかりと説明し同意が得られたうえでMMPIが実施された場合，このような問題が生じる可能性は限りなく低いと思われます。また，被検者は実施そのものを拒否することができますし，どうしても答えたくない質問項目があれば9個まで（新日本版の場合）は「あてはまる」「あてはまらない」のどちらにも回答しないという選択肢が認められています。「人権侵害」の問題と関係してくるのはMMPIが採用試験において用いられた場合が多いようです。MMPIを採用試験に用いることが適切かという議論は，そもそも心理検査を採用試験に用いることは適切か，あるいは心理検査は医療・心理臨床現場以外でどのように扱われるべきかといった議論にも関連し，本書の内容を超えるため，詳細は他書に委ねたいと思います。ただ，先に述べた「MMPI（心理検査）を受ける人がその実施や目的についてある程度納得しているか」および「しっかりした教示が行われたか」は重要な点だと考えます。筆者が検査者としてMMPIを実施した際にも，被検者から「ちょっと答えづらい質問がありました」「結構刺激的な内容の質問がありました」といった感想を聞くことがあります。しかし，大前提として被検者が実施について納得してくれているなら，負担を感じながらも検査に取り組んでくれたことをねぎらえば，それ以上の説明をしなくても（後に行う結果のフィードバックは除きます）検査者−被検者の関係が悪化することはないでしょう。

文献

Friedman, A.F., Webb, J.T., & Lewak, R. (1989) Psychological Assessment with the MMPI. New Jersey : Lawrence Erlbaum Associates. (MMPI新日本版研究会＝訳 (1999) MMPIによる心理査定. 三京房)

井手正吾 (2012) MMPI追加尺度の基礎資料——新日本版MMPIの追加尺度の採点キーと標準データ. 札幌学院大学心理臨床センタ紀要12 ; 7-24.

井手正吾 (2013) 前号論文 (2012年，12号，pp.7-24) の訂正表. 札幌学院大学心理臨床セン

ター紀要13；117-120.

Levitt, E.E. & Gotts, E.E. (1995) The Clinical Application of MMPI Special Scales 2nd Edition. New York：Lawrence Erlbaum Associates.（木場深志＝訳（2012）MMPI追加尺度の臨床的応用 第2版．三京房）

MacAndrew C (1965) The differentiations of male alcholic out-patients from nonalcoholic psychiatric patients by means of the MMPI. Quarterly Journal of Studies on Alcohol 26；238-246.

MMPI新日本版研究会＝編（1993）新日本版MMPIマニュアル．三京房．

MMPI新日本版研究会＝編（1997）MMPI新日本版の標準化研究．三京房．

村上宣寛・村上千恵子（2009）MMPI-1／MINI／MINI-124ハンドブック——自動診断システムへの招待．学芸図書．

Ozonoff, S., Garcia, N., Clark, E., & Lainhart, J.E. (2005) MMPI-2 personality profiles of high-functioning adults with autism spectrum disorders. Assessment 12-1；86-95.

新谷紀子（2008）記憶想起現象を契機に救急事例化した広汎性発達障害．MMPI研究・臨床情報交換誌18；14-20.

塩谷 亨，古川夢乃，新谷紀子，奥田 宏（2015）103名の男性アルコール依存症者のMacAndrew尺度の高得点者と低得点者の基礎尺度における比較．MMPI研究・臨床情報交換誌23；7-21.

4321

MMPIを理解しよう！

MMPI実施の手順

荒川和歌子
野呂浩史

本章ではMMPI（新日本版）の施行の流れと大まかな所要時間を解説します。より詳しい解説は『新日本版MMPIマニュアル』（MMPI新日本版研究会，1993）を参照してください。

①ステップ1（説明・教示など）——まずは被検者に検査の目的の説明や，実施の仕方についての教示を行います。新日本版を実施する場合には「『あてはまる』『あてはまらない』のどちらにも決められないという回答を9個以下に抑えてほしい」と明確に伝えることが重要です。被検者からの質問があればしっかりと応じましょう。

②ステップ2（実施）——検査時間に制限はありませんが，多くの人がカード式では60分，冊子式では80分くらいで回答を終えるようです。なお，被検者があまりに考え込んでしまっている場合には，「1つの回答だけで結果が大きく左右されるわけではないので，直感でどちらかに決めてしまってよい」という主旨の声かけをしてもよいでしょう。

③ステップ3（採点）——実施後は，被検者の550個の回答を各指数・尺度得点に換算する手続きに移ります。カード式では被検者の回答は項目番号順に並んでいないため，冊子式用の回答用紙を利用するなど，何らかの手段で順番通りに整理する必要があります。整理された回答を公刊版の採点プログラム（MMPI新日本版研究会，2015）に入力するか，研究版や自作のPCプログラムなどで採点して指数・尺度得点を導きます。冊子式では被検者の回答は項目番号順に並んでいるため，そのまま公刊版の採点プログラムに入力するか，研究版や自作のPCプログラムなどで採点して，指数・尺度得点を導きます。

④ステップ4（解釈）——詳細な解釈の手順については本書第3章を参考にしてください。所見の形式は検査目的，所見作成者の立場などによって違ってきます。「症状と訴え」「自己概念」といったセクションに分けて記述していく方法や，当被検者に特徴的な点をいくつかピックアップし，それについてまとめる方法などが用いられることが多いです。

⑤ステップ5（フィードバック）——結果のフィードバックは，被検者自身の役に立つように進めることが重要です。一方的に結果を伝えるのではな

く，わかりやすい言葉を用いて対話的に進めましょう。「一緒に探索する」姿勢が大切です。

文献
MMPI新日本版研究会＝編（1993）新日本版MMPIマニュアル．三京房．
MMPI新日本版研究会（2015）MMPI新日本版採点プログラム使用マニュアル．三京房．

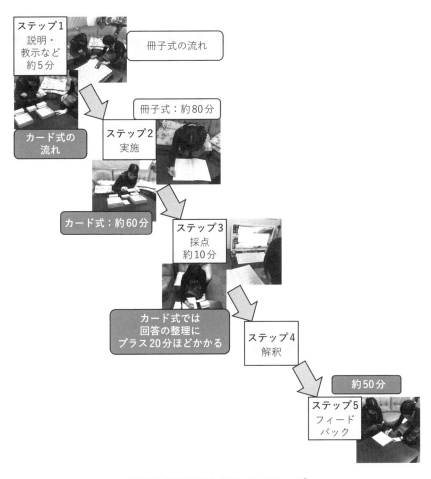

MMPI（新日本版）施行の5ステップ

MMPIの概要・施行・結果処理

井手正吾

I｜MMPIの概要

MMPIは，世界的に広く用いられている人格検査（personality test）であり，臨床的な心理査定・心理診断に最も役立つ手法のひとつであるといわれる。これはロールシャッハ・テストと並び称されるところである。

MMPIとはMinnesota Multiphasic Personality Inventory（ミネソタ多面的人格目録）の略であるが，"the MMPI" と称されることも多く，ＭＭＰＩ で十分に通用する検査となっている。ロールシャッハ・テストは"the Rorschach's Inkblot Test"あたりが最も適切な検査名だが，"the Rorschach"（ロールシャッハ）で通用するのと同じである。どちらの検査も現在までの臨床的な使用量および研究文献数は，他の検査と比較できない膨大な数となっている。

MMPIは目録法の代表，そしてロールシャッハは投影法の代表とされ，対照的に比較されることが多い。しかし，いずれも，パーソナリティ構造や病理水準の査定・診断，予後の見通し，治療法への示唆など，臨床的で現実的に有用な情報を提供してくれる臨床心理検査であることには変わりない。

しかし，我が国においてMMPIの臨床的な使用や研究は非常に少ない。1980年代までは，ロールシャッハと比べてほとんど臨床的に活用されていないといえるような状況であった。それは公刊されていた日本語版MMPIが検査項目の文章や標準化の手続きなどのさまざまな問題をかかえていたことによると指摘されている（村上・村上，1992；井手，1995）。そのような問題を解消した日本語版MMPIが1990年代の初めに公刊され（MMPI新日本版研究会，1993；村上・村上，1992），使用数や日本での研究文献数も以前より増加しているようだが，20年以上経った現在でも，ロールシャッハと比べて臨床的に活用されていない現状は続いている (井手，2013a, 2014)。

そのため，臨床心理検査としてのMMPIの真価は，ロールシャッ

ハと比べてあまりにも理解されていない。臨床的使用において一番大きな役割を果たす解釈法はもちろんのこと，検査の基本的な構成から施行法，整理法についてもしっかりした理解がなされていない状況が続いている。その一因は，MMPIについての日本語の基本的なテキストや専門書が，マニュアル関係を除いて，村上・村上（2009）や，日本臨床MMPI研究会（2011）など，いまだわずかしか見られないことにある。やはりロールシャッハと比べると一目瞭然の事実である。日本におけるMMPIは，ある意味で誤解や偏見をもたれつづけている。これが日本におけるMMPI活用の低さの最も大きな原因と思われる。ここでは，ロールシャッハとの比較も交えながら，臨床心理検査としてのMMPIについての概要を見ていく。

1 MMPIの誕生と発展

　Greene（1980），田中（1990），Dahlstrom & Dahlstrom（1980）を主に参照して，MMPIの歴史，その誕生と発展について取り上げていく。MMPIはミネソタ大学病院神経精神科の心理学者Starke Rosecrans Hathawayと精神医学者Jovian Charnley McKinleyによって1943年に公刊された臨床人格検査である。Hermann Rorschachが1921年に『精神診断学』と10枚の図版を出版し，ひっそりとロールシャッハ・テスト（Rorschach's Inkbolot Test）という臨床人格検査の歴史が始まってから，約20年後のことである。

　ロールシャッハ・テストは市井の一臨床医によって個人的に創り出されたのに対して，MMPIはアカデミックな大学で大規模な組織的プロジェクトを背景に作成された。しかし，どちらも公刊に至るまでにかなりの試行錯誤や研究の蓄積を重ねた歴史をもち，また，公刊後もそれで完成という静的なものではなく，大きく動的に発展していく長い歴史が続いている。MMPIは，"Medical and Psychiatric Inventory"として1930年代後半より項目数や尺度構成が整理されていって公刊となった。また公刊後も，現在用いられている566項目の原版冊子版や14の標準尺度が確立したのは1947年であり，その

後も数多くの追加尺度をはじめとしてさまざまな指標が開発されている。なお，1989年にはJ.N. Butcher たちによって，MMPI-2が作られている。

　Hathaway と McKinley が MMPI を開発していったのは，臨床的に役立ち，直接的には臨床診断に役立つ目録法（質問紙法）を作成するためであった。

　目録法検査は，神経症傾向を見出す目的で1920年に作成されたWoodworth の個人資料票（Personal Data Sheet）に始まるとされ，この検査は軍隊の徴兵のスクリーニングにおいて成果を上げた。しかし，個人調査票をはじめ，その後に作られた目録法は，精神科鑑別診断や人格特性の査定に役立たなかった。それらの検査は，「時々，死んでしまいたくなる」「人のしぐさがとても気になる」などの直接的な症状や性格傾向があるかないかをたずねるというように，論理的に構成された検査であったからである。受検態度や社会的望ましさ，また被検者の内省力などによって，結果が大きく左右されてしまうものであった。

　そこで Hathaway と McKinley は，それらとは異なる経験的な手法（あるいは外的基準による手法）で新しい目録法検査を作成していった。彼らははじめ，精神医学の教科書や問診票，それまでの目録法検査から項目文章を集め，それは1,000以上となった。それらのなかから重複した文章や必要でない項目を整理して504項目とした。こうして残された項目文章は，日常的に使われている語彙で，可能な限りわかりやすい平易なものとなっている。その504項目に対して，「どちらでもない」を許容するが，基本的には「あてはまる」と「あてはまらない」の2選択回答を求めるカード式の用具を作った。

　それを，当時としてはかなり厳密に選択された精神科患者と，ミネソタ大学病院の患者の付き添いや見舞客，またミネソタ大学の学生などたくさんの健常者に適用し，その回答をもとにMMPIの基本的な尺度を構成していった。それまでの目録法のようにあらかじめ項目文章の内容によって尺度を作るのではなく，特定の診断がなさ

れている患者群と健常群の回答に差が見られた項目を集めて尺度を作っていったのである。

まず最初に，心気症（hypochondriasis）と診断された患者を用いて検討を重ね，Hs尺度（第1尺度）を作った。その後，抑うつ（depression：D尺度，第2尺度），ヒステリー（hysteria：Hy尺度，第3尺度），精神病質的偏倚（psychopathic deviate：Pd尺度，第4尺度），パラノイア（paranoia：Pa尺度，第6尺度），神経衰弱（psych-astheenia：Pt尺度，第7尺度），統合失調症（schizophrenia：Sc尺度，第8尺度），そして軽躁病（hypomania：Ma尺度，第9尺度）という8つの臨床尺度を作っていった。

その後，男性の同性愛患者を特定することを当初の目的としていた男性性・女性性尺度（masculinity-femininity：Mf尺度，第5尺度）が追加され，さらにDrakeによる社会的内向性尺度（social introver-sion：Si尺度，第0尺度）が取り入れられ，現在の10の臨床尺度が完成した。なお，第5尺度作成に際して55項目の項目文章が追加されたが，最終的には9項目削除されて，MMPIの項目文章は550項目となった。

さらにMMPIには受検態度を測定する疑問尺度（cannot say：？尺度），虚偽尺度（lie：L尺度），頻度尺度（frequency：F尺度），修正尺度（correction：K尺度）という4つの妥当性尺度が作成された。「？尺度」は，「どちらともいえない」の回答数である。L尺度はHartshorneとMayが論理的に作成していた尺度を取り入れたものであり，基礎尺度としては唯一，経験的手法で作成されていない尺度である。F尺度は，健常群において回答が10％以下しか見られない項目から構成されている。K尺度は，臨床的には明らかな障害が見られるにもかかわらずK尺度導入以前のMMPIでは正常のプロフィールを示す反社会性が強い精神病質患者の結果について，健常者との比較検討を重ねて作られた。このK尺度の導入により，臨床尺度の精度を上げるという目的で，臨床尺度の第1，4，7，8，9尺度はK尺度の粗点による修正の手続きが導入された。

このような開発の過程で，単一の尺度による鑑別診断は無理があることがわかり，多次元的な意味をもつ各尺度の相対的な組み合わせ，プロフィールパターンの分析が重視され，当初病理の略号を使われていた尺度名は番号で示されるようになった。そして，2点コードをはじめとして，妥当性尺度のパターン，神経症や精神病のパターンなどによる解釈・分析法へと発展していったのである。

また，あまりに多すぎると考えられていた550の項目数は，その後も数々の追加尺度，特殊尺度などを開発させていった。基礎尺度をより検討するための下位尺度，アルコール依存症の鑑別や心理療法への反応をとらえようとした特殊尺度，項目内容による論理的な手法による尺度群など数多くの追加尺度が作成されていき，その数は500を越えている。数が多ければよいというものではないし，すべてが役立つわけではないが，通常（ルーティン）の臨床的使用に役立つとされる追加尺度も多く（20～100），基礎尺度を中心としながらそれらの追加尺度も加味することで，より深い人格理解が進められることとなっていった。これは，ロールシャッハにおいても，領域，決定因，内容，形態水準という基本的な形式分析以外に，象徴的な分析法や言語逸脱反応といった分析法などさまざまな整理法が開発されていき，より深い人格理解につながっていったことと類似している。

② 臨床心理検査としての MMPI

MMPI という目録法を用いて，Hathaway と McKinley は，どのように精神的特性や人格をとらえていこうとしたのか，あらためて見ていく。

次の3つの文章は日本でよく使われる YG 性格検査（辻岡，1972）の項目である。

- 時々自分をつまらない人間だと思うことがある
- 理由もなく不安になることがある

・たびたび過去の失敗をくよくよと考える

　これらの項目に「あてはまる」と回答すると，YG性格検査のD（抑うつ）尺度が粗点として2点となり，「どちらともいえない」と回答すると1点，「あてはまらない」とすると0点となる。文章の内容はいずれも抑うつ状態についての記載である。Woodworthの個人資料票と基本的に同じであり，論理的に項目が構成されている。
　次の3つの文章はMMPIの項目である。

・私は全く自信がない
・時どき，自分は何の役にも立たない人間だと思う
・すぐに泣いてしまう

　これらに，「あてはまる」と回答をすると，MMPIの抑うつの尺度である第2（D）尺度は粗点が1点となり，抑うつ的な傾向は強いことになり，「あてはまらない」あるいは「どちらともいえない」と回答すると0点となり，抑うつ的な傾向は弱いことになる。文章内容としては抑うつ状態についての記述であり，抑うつの尺度の項目として理解しやすいであろう。
　次の3つの文章もMMPIの項目であり，やはり抑うつ状態についての記述である。

・いつも何かに不安を感じている
・死んでしまいたいと，いつも思っている
・将来には希望が持てない

　しかし，この3つに「あてはまる」と応えても「あてはまらない」と応えても，第2（D）尺度には何ら影響を与えない。これらの項目は第2尺度の構成項目とはなっていないからである。先の3つの項目との違いは何であろうか。いろいろなことが推測はされるが，何

か納得しにくく何かすっきりとしないかもしれない。

　さらに次の3つの文章もMMPIの項目である。

　　・物音で目をさましやすい
　　・血を吐いたり，咳をして血が出たことはない
　　・ぜんそくや花粉症の気はない

　この3つの項目に「あてはまる」と回答すると，粗点が1点となり，第2（D）尺度は高くなる。つまり，抑うつ的な傾向は強いという結果になってしまう。一見すると抑うつとは直接関係ない文章であり，理屈をつけようと思えば種々考えられるだろうが，とにかく抑うつの尺度の構成項目となっている。このような項目は「隠蔽項目」といわれている。

　これに対して，抑うつに直接関連した内容の構成項目は「明瞭項目」といわれている。しかし，以上見てきたように，明らかに抑うつを示す項目でも第2尺度の構成項目になってないものもある。かと思うと，抑うつとは関係ない隠蔽項目が含まれている。このようにMMPIは何ともわかりにくい尺度構成になっている。

　これがMMPIの経験的手法，あるいは外部基準といわれる尺度構成である。MMPI以前の目録法検査では，YG性格検査のように検査自体の内的な項目内容を基盤にしていた。抑うつに関連した文章の項目で尺度を構成し，その回答をその被検者の実際の有り様としてとらえていたのである。しかし，このような方法では，受検態度や社会的望ましさ，さらには人間の自己内省力の限界などもあって，臨床的にはあまり役立たなかったのである。

　そこで，HathawayとMcKinleyは，項目内容という検査作成者側の論理ではなく，被検者の回答という検査外の経験的事実，つまり検査に臨む人間の反応に，そして人間の実際の経験である回答に，項目作成の基盤を移した。第2尺度でいえば，うつ病の患者たちの回答を基準としている。健常者の回答と比べて違いが見られた項目

を見出し，そこから尺度を構成したのである。そうすると，「私は全く自信がない」という項目に対して「あてはまる」と回答する者は，健常者と比べてうつ病患者のほうが統計的に多かった。しかし，「死んでしまいたいと，いつも思っている」に対しては，うつ病の患者と健常者の回答に差は見られなかった。またなぜかわからないが，「ぜんそくや花粉症の気はない」という項目に対してうつ病の患者は「あてはまる」と回答することが多かったのである。これは，「回答された内容（what）」ではなく，「どのように回答したか（how）」への焦点の転換である。これは，ロールシャッハが，それまでのインクブロットテストの「何を見たか」というから観点から，インクブロットを「どのように見たか」に転換したことに共通する，コペルニクス的転回といえるかもしれない。

　このような手法で作成された尺度であるため，隠蔽性の高い項目が含まれていたり，関連ある内容の項目が含まれなかったりしており，MMPIは意図的な反応歪曲が難しい目録法検査となった。しかも，人間の反応を礎にした尺度のために，論理的な手法で作られた尺度のように一元的で明快な測度ではなく，多次元で複雑な意味合いをもつ複雑な尺度となり，解釈が難しくなった。しかしその分，ロールシャッハの領域や決定因のスコアと同じように，検査内外のさまざまな情報も加味して理解せねばならない奥深い人格理解への有用な標識となったのである。

　目録法というと，日本ではYG性格検査が簡便で明快で一般的にはわかりやすく，使用量も多い代表的な検査として知られており，他の目録法も同じような検査として誤解されているところがある。MMPIは目録法ではあるが，投影法と分類されるロールシャッハとの類似性が高い臨床人格検査であることをしっかりと認識してほしい。

　実際に検査をどう進めていくか，すなわち，どのような検査用具を使い，どのように被検者から回答を得ていくかについても，YG性格検査とMMPIには大きな違いがある。YG性格検査は，きわめて明確で整然としている。標準となる検査用紙（整理用紙ならびに簡

単な分析・解釈資料も含まれる）が用意されており，1から120まで
の項目にその順序で回答していく。検査条件の統制は比較的厳密と
いえよう。それに対して，MMPIは基本となる検査用具として，か
なり差異のある2つの形式（Form），すなわちカード形式（Card
Form）と冊子形式（Booklet Form）が用意されている。カード形式
は，1枚ごとに1つの項目文章が印刷された550枚のカードがセット
になったもので，被検者は無作為な順序になったカードを振り分け
られて回答していく。冊子形式は，項目文章が印刷してある小冊子
を見て，回答用紙に記入して回答していくものであるが，その項目
文章には1から566までの項目番号がついている。これは，新たな
項目文章が加えられているわけではなく，16の項目が重複している
ためである（周知のことと思うが，この奇妙な項目番号の理由は，
特別な目的や意図があったわけではなく，単にコンピュータ処理を
目的とする整理用紙の都合による）。MMPIは，項目の呈示順にはこ
だわっておらず，かつ，ある程度の項目の重複さえ許容している。
YG性格検査に比べると条件統制はかなり不十分であり，混乱して
いるようにも思われる。しかし，MMPIは自由度が高い柔軟性に富
んだ検査ととらえることもできよう。被検者の負担を減らしたカー
ド形式の施行法や，全く身勝手な都合による冊子版の項目構成など
からは，ある意味で，ロールシャッハに共通するような「人間臭さ」
が感じられないだろうか。

③ 日本におけるMMPI

　日本へのMMPIの導入は1950年代に始まり，日本女子大版，東大
版，仙台鑑別所版，同志社大学版，金沢大学版，日本版など数多く
の日本語版のMMPIが作られた。このうち日本版が公刊版であり，
ほかは研究版である。実際に活用されていたのは，公刊版である日
本版のほか，カード形式を主体としていた金沢大学版，原版冊子形
式を主体としていた同志社大学版とされている（田中，1990）。

　現在，日本で利用できる主な日本語版MMPIは，まずは三京房か

ら公刊されている新日本版が挙げられる。新日本版は1993年に公刊された日本版の改訂版ではあるが，本質的には金沢大学版の発展版である。もうひとつは，コンピュータ利用を全面に押し出し「MMPI-1」と少し奇異な名称をつけられて1992年に刊行された，村上・村上版である。かつての公刊版であった日本版は現在使われていないものと思いたいが，まだ利用している場合は新日本版に移行することが好ましい。古くから金沢大学版と同じように一部で根強く用いられていた同志社大学版も，現在はあまり使われていないようである。

　1990年代に刊行された新日本版と村上・村上版は，日本語版MMPIの問題点として指摘されることが多い項目文章について大きく改訂されている。村上・村上版は，日本版の項目文章に対して語学的観点からの徹底的な批判をしたうえで，その観点から改訂を行なっている。新日本版は，文章的表現だけでなく，是認率や「社会的望ましさ」などMMPIにとって重要な「項目への被検者の反応」という点も考慮して項目文章の改訂を行っている。村上・村上版は普及が加速しているパーソナル・コンピュータによる自動解釈を強調している。自動解釈については異論も見られる（井手，2011）が，コンピュータ処理の活用は，単純とはいえ多重なデータの機械的処理を必要とするMMPIの結果集計に関して，たしかに意味深いものと思われる。

Ⅱ │ MMPIの施行と結果処理

　次に，MMPIの施行と，その後の結果処理について述べていく。用具などは公刊版である新日本版を取り上げて説明をしているが，村上・村上版や他の研究版であれ，MMPIであれば基本的には適用できるように解説している。各種のマニュアルやテキストに施行や結果集計の解説があるが（Hathaway & McKinley, 1951；MMPI新

日本版研究会, 1993；日本MMPI研究会, 1973；村上・村上, 1992)。
ここでの施行とその結果の処理・集計については, 金沢大学心理学
研究室 (1965) に負うところが大きい。また, MMPIという検査の
施行や結果の処理は, ロールシャッハと同様に, その理解・解釈と
基本的には密接に結びついていることは常々留意しておいてほしい。

1 MMPIの施行

　MMPIの施行とは, 550項目の文章を被検者に読んでもらい,「あ
てはまる (True)」か「あてはまらない (False)」かという選択的な
回答を得るものである。一応,「どちらともいえない (Cannot Say)」
という回答も許容している (ただし, これはロールシャッハでいう
と反応失敗, 反応拒否と見てよいものである)。

　具体的な回答方法は, 施行形式や回答用紙によって異なるが, 被
検者への教示で重要なことは以下の2点である。

　　(1) だいたいの印象で, 素早く回答すること。
　　(2) 基本的には「あてはまる」か「あてはまらない」の二択で
　　　　あること。新日本版では, その選択ができない反応は10以
　　　　上にならないように指示している。

　MMPIは, 原則的としてあてはまるか否かに二分するのであり,
日本ではYG性格検査などの他の目録法・質問紙法で用いられるこ
とが多い「あてはまる」「あてはまらない」「どちらともいえない」
という三択ではない。例外として「どちらともいえない」という反
応がある。そのため,「どちらともいえない」という反応が10以上
になった場合, 再度それをあてはまるか否かに反応してもらい, 可
能な限り10以上にならないようにしてもらう (これを教示として明
確にしているのは新日本版であるが, 他の版で行うときも取り入れ
たほうが好ましい)。

　以上のこと, すなわち気楽に難しく考えずに二分することを, 検

査者自身がしっかりと認識して，被検者に明確に伝えなければならない。そうすることにより，被検者の心理的な負担も過剰に重くなることはなく，検査時間も必要以上に長くならない。

　目録法・質問紙法は集団で一斉施行されることが多いが，MMPIは本来カード形式を主とした個別施行が基本である。冊子形式による個別施行や冊子形式を用いた集団施行を行う場合でも，被検者本人のペースで施行していくことが好ましい。検査時間に制限はないが，教示を明確に行えば，長くても普通は50分前後で完了することが大半である。

　「どちらともいえない」は可能な限り10以上にならないようにしてもらうのが好ましいが，強制ではない。臨床において「どちらともいえない」という反応が多くなりやすい被検者は確かにいる。教示を曖昧にするとその傾向は強くなる。ちなみに「どちらともいえない」という反応が30以上になると検査結果の妥当性は疑わしくなり，検査結果の解釈は非常に難しくなる。被検者の検査への労力や心身的な負担を無駄にしないためにも，教示は丁寧に的確に行うことが大事である。

　また，臨床場面において時間の節約のため，個別に検査者が項目文章を直接読み上げ，被検者に口頭で回答してもらうような施行を行うこともあろう。だが，刺激的な項目文章が少なくないMMPIでは反応が歪曲される可能性がかなり高くなるため，このような施行法は好ましくないといわれている。ただし，視力障害などのために作られたオーディオ式の施行用具があってもよいだろう。コンピュータによる施行も従来行われてきた（村上・村上，1992；鋤柄，1993）が，現在のコンピュータの性能であれば，被検者の好みやペースで文字だけでなく音声による施行も可能であろう。

② **用具・検査形式**

（1）MMPI施行のための用具

MMPI施行のためには，以下の用具が必要である。

○MMPIの550項目を被検者に提示する用具（項目カード，項目冊子）
○被検者の回答を記録する用具（回答用紙，記録用紙）
○結果を処理するための用具（採点盤あるいは自家製採点用具）
○結果を記録する用具（プロフィール用紙）

新日本版によるMMPI施行のためには，以下の用具（三京房）が用意されている。

○カード式セット（550項目のカードとボックス）
○冊子式
　タイプA質問票
　タイプB質問票
　Ⅰ型回答用紙（383項目のみ，カーボン）
　Ⅱ型回答用紙
　Ⅲ型回答用紙（OCRシート，三京房によるコンピュータ採点サービス）
○採点盤
○採点プログラム
○プロフィール用紙

新日本版による用具での実施のうち，Ⅰ型とⅢ型の2つの回答用紙を用いた実施法は特殊なものである（臨床的な使用では避けたほうが好ましいと思われる）。

Ⅰ型回答用紙は，タイプB質問票を用いて回答し，その反応結果がYG性格検査のようにカーボンで複写され，結果の処理が容易にで

きるように工夫されている。しかし，383項目という略式（短縮版）になっており，MMPI本来の施行とは異なる特殊な使い方である。

Ⅲ型回答用紙は，三京房の行っているコンピュータ採点サービス（有償）を利用するための，マークシート形式の特殊な回答用紙である。

(2) 検査形式①──カード形式

「カード式セット」では，カードを振り分けることによって回答し，その後検査者が「Ⅱ型回答用紙」に反応を転記し，「採点盤」か「採点プログラム」を使って結果処理する。

カード式のセットは，1つのカードに1つの項目文章が書かれた550枚のカードが木製の箱に収められている。箱を開けると「あてはまる」と「あてはまらない」と書かれた2つの容れ物に分かれるようになっている。カードは無作為な順となるように繰っておく。被検者はカードを1枚ずつ読んで，その2つの容れ物のなかに振り分けていく。「どちらともきめられない」場合は，箱の外，2つの容れ物の真ん中あたりに置いてもらう。こうすることで，「どちらともいえない」が例外的な回答であることが認識されるだろう。また，検査が終了した後，すぐに「どちらともいえない」回答の数がわかり，多すぎた場合，再度振り分けをすることができる。

なお，三京房のカードには，原版カードNoと日本版から引き継がれた頁付番号が記載されているが連続番号はついてない。手間はかかるが，連続番号を記入しておくと便利である。

(3) 検査形式②──2つの冊子形式

「タイプA質問票」を使う場合は，被検者は質問票に直接回答を記入し，その後検査者が「Ⅱ型回答用紙」に反応を転記し，「採点盤」を使って結果を処理する。あるいは，検査者が回答を採点プログラムに入力して結果を処理する。

「タイプB質問票」を使う場合，被検者は「Ⅱ型回答用紙」に回答

を記入し，その後検査者が「採点盤」を使って結果処理するか，回答を採点プログラムに入力して結果を処理する。

「タイプA質問票」は，A4の大きめの質問票であり，回答欄に○か×をつけていく。「どちらともいえない」の場合は空白にするようになっているが，たまに回答もれの場合があり，できれば横線などを記載してもらうほうが好ましい。なおタイプA質問票の項目には連続番号がついている。

「タイプB質問票」，そして「II型回答用紙」は，B5のやや小さめのサイズであり，読みにくかったり，書きにくいと感じる被検者もいるようだ。回答欄は長方形が2つの枠に区切られており，「あてはまる」場合は，左枠に○をつけ，「あてはまらない」場合は右枠に○をつける。「どちらともいえない」場合は，両方に×をつけるようになっている。そのため，直感的にわかりにくい印象をもつ被検者もいるだろう。

＊

被検者の負担は，カード形式が最も少なく，冊子形式の「タイプA質問票」を用いる方法がそれに次ぐ。逆にいえば，検査者の処理的な負担は増える。臨床的な使用では，検査のもつ心身的な負担や侵襲性などもふまえて，カード形式か「タイプA質問票」のいずれかの方法を行うことが好ましいだろう。

（4）短縮版的使用について

MMPIは，14の基礎尺度が重要であり，結果の中核となるものである。しかし，MMPIが臨床的に有用な人格検査に発展していったのは，膨大な追加尺度をはじめとして550項目への反応をさまざまな視点から分析・検討していったためである。550項目への反応があって，はじめてMMPIといえる。14の基礎尺度だけを分析するために必要な383項目の反応を得る短縮版は，特殊な事情下での止むをえぬ特殊な施行法である。MMPIの正式な施行ではないことをしっ

かり認識しておく必要があろう。

　長い間，日本語版MMPIとして唯一公刊されていた日本版MMPIは，独特の項目番号，項目順序がつけられており，383番目（1323＝13頁23番目）の項目まで施行すれば標準尺度の結果は出せるようになっている。先に述べたようにMMPIは，項目の呈示順には柔軟性があるため，基本的には差し支えないのだろうが，これは明らかに短縮版的な使用を優先させた項目構成，項目順序である。そして，『日本版MMPI・ハンドブック増補版』（日本MMPI研究会，1973）の説明も，短縮版的使用を許容あるいは推薦する表現と受け止められるような記述となっている。短縮版的使用はMMPIの十分条件ではないが，必要条件を満たしているように理解されかねず，加えて，そうであるならばMMPIはYG性格検査と類似した検査と認識されるように思われる。新日本版のマニュアルには短縮版が特殊な施行法であると明記してあるが，日本版と同じ項目番号を継続し，日本版以来の誤解された施行に対する認識を今でも踏襲しているようにも思われる。

　ロールシャッハにおいて，ベック法で施行されたプロトコルでもクロッパー法で施行されたプロトコルでもロールシャッハ・テストを施行したといえるが，特別に選択された5枚の図版だけを施行したプロトコルは特殊な利用であり，ロールシャッハ・テストとは認められないであろう。あるいは，カロ・インクブロット・テスト（片口，1972）はロールシャッハの平行シリーズであるが，独自の3枚の図版からなるZテストは，ロールシャッハの平行シリーズとして認められないであろう。MMPIについても，短縮版はあくまでMMPIの特殊な施行法であって，本質的にMMPIとはいえないという認識が必要と思われる。些細なことかもしれないが，日本版の項目番号構成は，日本におけるMMPIの理解が深まらず，発展が遅れた意外に大きな要因となっているようにも思われる。

　たしかにMMPIは項目数が多く，ある種の情的な配慮から，被検者の労力をできるだけ少なくするために，短縮版として実施する検

査者がいる。しかし，383項目というのは十分に多く労力を必要とする。だとすれば，550項目との労力差はどれほどのものであろうか。それに比べて短縮版としての使用でMMPIの正式実施にならずに，追加尺度をはじめとした無数ともいえる結果の処理ができなくなる。つまり，得るものは少なく，失うものが膨大である。

（5）施行場面の設定について

　MMPIの実施・施行自体には，特別な検査者・被検者のやりとりはなくロールシャッハのような技能は必要とされない。それは，ある意味，ロールシャッハと比べて被検者への負荷（精神的負担）が少なく，適応しやすい利点であると思われる。心理療法を継続中で，検査者と治療者が同一人物になる場合，ロールシャッハはなかなかその施行が難しいところがあるが，MMPIの場合，それほど大きな問題はない。

　では誰でもできるかというと，決してそうではない。これは人格検査の乱用や誤用につながる。適切な教示，また質問などに対して適切な応対などは当然，必要である。また，被検者が検査により適切な状態や態度で臨めるような場面を作らなければならず，検査時の被検者の観察なども適切に行うことができなければならない。臨床検査を行ううえで基本的な場面・状況設定であり，つい安易に行われがちな目録法であるため，逆に，細心の注意が必要で難しいかもしれない。

　また，場合によっては，被検者が個室で行ったり自宅で行ったりすることも実際には少なくないだろう（臨床的な継続した信頼関係がついている場合など）。そのような場合でも，検査時期の判断やその際の教示などは，熟慮された適切なものでなければならない。

（6）項目番号について

　MMPIの米国原版のカード形式では，AからJのアルファベットと，1から55までの数字を組み合わせた番号がついており，A-1か

らJ-55となっている。原版の冊子形式は，項目文章は550であるが，16項目が重複して混じっているために566項目で構成され，1から566までの連続番号がついている。

　現在，MMPIの項目を示すものとして，一般的に原版の冊子形式の番号（1〜566）が使われている。日本版MMPIでは0101〜1910までの頁付番号だけだったが，新日本版のタイプＡ質問票には1〜550までの連続番号が使われている。しかし，新日本版MMPIは，日本版MMPIで用いられていた略式的使用のため，原版冊子型式番号と異なる独自の項目番号を踏襲している。実施や研究に際しては注意をしておかなければならない。

（7）個人情報の記録

　MMPIに限らず，検査時には個人情報を適切に記録しておかなければならない。適切な個人情報がなければ適切な臨床的解釈はできない。心理療法などで継続して関われる場合や，病院でカルテなどを参照できる場合は，検査前後からも情報を収集できるが，検査のみの関わりになる場合は細心の注意が必要となる。検査状況によって制限はあるかもしれないが，性別，年齢（生年月日），学歴，職歴，家族構成，本人自身による自己像・自己認識（長所・短所を含む）くらいは確認しておく必要があるだろう。時間的余裕があれば，現病歴，既往歴，家族歴，生育歴なども可能な限り詳しくたずねておくほうが好ましい。

③　MMPIの結果処理

　MMPI施行後の結果の処理は，ロールシャッハと同じく，核となる基本的な処理から多岐にわたるさまざまな処理まで，ある意味際限なく分析できる。MMPIでは必要不可欠な基礎的な結果集計として14の基礎尺度に絡む処理がある。そのほか，追加尺度の算出や危機項目の検討などがある。

　MMPIの結果処理は，粗点の算出をはじめとして，多数の数的処

理が大半であり，追加尺度なども含めると手作業で行うと膨大な手間がかかる。このような処理にコンピュータを援用すると利便性は高く，そのため日本においても，公刊されたコンピュータ処理ソフトがないときから，自家製のプログラムソフトや表計算ソフトなどを利用した簡易プログラムなどを利用している人は少なくなかった。MMPIをはじめとする心理検査におけるコンピュータ援用についてはさまざまな問題もあるが，そのような問題を考慮したMiWのような臨床的実用性の高いプログラムソフトもみられる（井手，2011）。また新日本版MMPIの処理プログラムソフトが，2015年にようやく三京房から公刊された。被検者による回答を打ち込むだけで，基礎尺度，追加尺度，諸指標などの結果集計が自動的に算出される（注1参照）。しかし，MMPIを活用する臨床家は，どのような結果集計がなされているかを当然理解しておかねばならない。

④ 基礎尺度の結果集計

（1）基本尺度の粗点算出（採点）

　　MMPIには4つの妥当性尺度と10の臨床尺度が設けてあるが，これらのうち，「？尺度」は，被検者が「どちらともいえない」と回答した項目の数をそのまま粗点としているため，直接回答用紙にあたって「どちらともいえない」反応の数を数えればよい。

　　その他の尺度は，それぞれ尺度を構成する項目と採点方向（「あてはまる」T反応か，あるいは「あてはまらない」F反応）が決まっている。これを採点キーと呼ぶが，これに該当するかしないかをチェックした該当数が粗点となる。すなわち，該当すれば1点，該当しなければ0点のウェイトをかけているのである。従来，粗点の算出は採点盤で行うことが多かったが，採点キーの一覧表をチェックしたりすることもできる。

　　基礎尺度の粗点採点の場合，第5尺度（Mf）は男女で採点キーが異なるため注意しなければならない。

　　また，第1，4，7，8，9尺度は，K尺度によって修正するように

なっており，採点キーに該当した数（純粋粗点）に，K尺度の粗点にそれぞれ所定のウェイトをかけた修正点を加算したものを粗点とするようになっている。

5つの尺度それぞれについてのK尺度による修正点のウェイトは，順に0.5，0.4，1.0，1.0，0.2となっており，修正点は少数以下を四捨五入し，整数とする。通常，以下のように表記されることが多い。

基礎尺度におけるK尺度による修正点

第1尺度	第4尺度	第7尺度	第8尺度	第9尺度
Hs + 0.5K	Pd + 0.4K	Pt + 1.0K	Sc + 1.0K	Ma + 0.2K

(2) T得点算出

粗点を算出した後，各尺度の粗点をT得点に変換する。Tは本来次の式（小数点第1位四捨五入）で求める。

$$T = 50 + \frac{10 \times (X - M)}{SD}$$

X ：ある尺度の粗点
M ：その尺度の標準化集団の粗点の平均
SD：その尺度の標準化集団の粗点の標準偏差

通常は換算表を用いて粗点からT得点を読み取ることが多い。また，公刊されているプロフィール用紙を用いるときは，T得点を求めなくとも，次のプロフィール作成に進めるようになっている。しかし，プロフィールパターンを見ていくための重要な結果であるコーディング作成のためにも，T得点の算出を行うように心がけてほしい。

(3) プロフィールの作成

プロフィール用紙には縦軸として，T得点の目盛りがつけられている。

各尺度のT得点をプロフィール用紙にプロット（点打ち）し，妥当性尺度（?，L，F，K）間及び残りの10臨床尺度（第1〜0尺度：Hs，D，Hy，Pd，Mf，Pa，Pt，Sc，Ma，Si）間を直線で結び，プロフィールを作図する。ただし，Kと第1尺度（Hs）の間は結ばない。

　公刊されている粗点の目盛りがつけられたプロフィール用紙は，男性用と女性用があることに注意しなければならない。

（4）プロフィールの記号化（コーディング）

　記号化の方法として，よく用いられるものとして，Welshの方法とHathawayの方法，ならびに2点コードがある。プロフィールの特徴を記号（code）で表すために記号化（coding）を行う。臨床尺度は番号尺度の番号で表わす。

コーディングのための例（基礎尺度結果）

		?	L	F	K	1 Hs	2 D	3 Hy	4 Pd	5 Mf	6 Pa	7 Pt	8 Sc	9 Ma	0 Si
case a	T得点	57	41	78	36	71	90	72	74	31	68	91	76	57	71
	（粗点	5	3	14	9	……)									
case b	T得点	47	63	74	40	65	91	53	44	59	36	85	79	30	29
	（粗点	1	8	16	10	……)									
case c	T得点	52	63	71	42	73	59	56	60	55	55	68	67	54	68
	（粗点	3	8	15	11	……)									
case d	T得点	52	71	53	66	41	71	58	92	51	71	48	43	75	44
	（粗点	3	10	8	23	……)									

①Welsh Code作成の手順

（1）まず，臨床尺度をTスコアの大きさの順に尺度数字（コード）に沿って並べる。次の規則に従いコードの後（右側）に記号を付けTスコアの範囲を示す。この記号は，いわばTスコアの区切りを示すものであり，たとえば（－）と（／）にはさまれたコードのTスコアは59〜50の間にあることを示している。

T得点が1点以内で隣り合う尺度にはアンダーラインを引く。同点ならば数字の順に並べ，アンダーラインを引く。

Welsh CodeでのT得点区切り記号

（〜90）	（89〜80）	（79〜70）	（69〜60）	（59〜50）	（49〜40）	（39〜30）	（29〜）
＊	＂	＇	－	／	:	＃	
（アスタリスク）	（ダブル・プライム）	（プライム）	（ダッシュ）	（バー）	（コロン）	（シャープ）	
asterisk	double prime	prime	dash	bar	colon	sharp	

（2）臨床尺度のコードに続いて，妥当性尺度をT得点の大きさの順に書き並べる。尺度は？，L，F，Kで表わす。T得点の範囲を示す記号は，臨床尺度の場合と同様の規則に従う。アンダーラインについても同様。

Welsh Codeの例

case a	72＊＂843 1 0＇6-9/:5	F＇-?/L:K
case b	2＊7＂8＇1-53/4:6 9 ＃ 0	F＇L-/?K
case c	1＇7 0 8 4-23569	F＇L-?/K
case d	4＊＂9 2 6＇-35/7 0 8 1	L＇K-F?

②Hathaway Code 作成の手順

(1) まず臨床尺度のT得点が55以上の尺度を大きさの順に尺度番号（コード）で並べる。T得点が70以上のコードの後にはプライム（'）をつける。T得点が同点あるいは1点差のときは，それらのコードの下にアンダーラインを引く。同点のときはコードの数字の順序に記す。以上の部分をプロフィールの高点記号（high point code）という。

(2) 高点記号の次にダッシュ（−）を書く。T得点が45以下の尺度のコードを小さい順に並べる。Tスコアが同点あるいは1点差のときは，それらのコードの下にアンダーラインを引き，同点の時はコードの数字の順序に記す。これを低点記号（low point code）という。

(3) 以上のコードの右方にL，F，Kを粗点で記す。L，F，Kの粗点間をコロン（：）で区切る。LがT得点で70以上あるいはFがT得点で80以上のときは，臨床尺度のコードの後ろに×をつける。

Hathaway Code の例

case a	7 2 8 4 3 1 0 ' 6 9 - 5	3 : 14 : 9
case b	2 7 8 ' 1 5 - 0 9 6 4	8 : 16 : 10
case c	1 ' 7 0 8 4 2 3 5 6 -	8 : 15 : 11
case d	4 9 2 6 ' 3 - 1 8 0	× 10 : 8 : 23

③2点コード（2数字高点コード）

プロフィールの特徴を簡略に表わす簡便な方法として，2数字高点コード（two digit high point coding system）があるが，簡略化して2点コードといわれることが最近は多い。

臨床尺度のうち，T得点が高い尺度2つを数字コードで表すだけでよい。なお，2点コードは，番号の順番を入れ替えても同じものとみなされる（例 31コード＝13コード）。5尺度と0尺度を除く場合や，T得点55以上，あるいはT得点70以上に限るような場合など

もある。

2点コードは，簡便であるがよく研究されており，利用度は非常に高い。第5，0尺度が2点コードに入る場合は，それを含めたコードと除いた両方の2点コードを出しておくべきであろう。

筆者は，日常臨床の表記としてT得点55以上の2点コードを出すが，上位2位までのコードで55以下は（　）のなかに入れる。さらに上位2位までの高点コードに5と0が含まれる場合は，含まないコードを「：」の後に記載している。また，同点がある場合はWelsh Codeなどと同じようにアンダーラインを引いて記入している。

2点コードの記入例

case a　72	case b　27	case c　17	case d　49
＊T得点55以下が含まれる場合			
4（1）	2（7）	（68）	
＊第5，0尺度が含まれる場合			
70：78	04：46	59：94	50：31
＊同点の場合			
<u>427</u>		<u>167</u>	
（42，47参照可）		（16，17，67参照可）	

なお，最近は3点コード（3数字高点コード）も利用できる範囲が増えてきている。記号化は，2点コードの2つが3つになっただけで，同じ手順である。なお，2点コードや3点コードの解釈については，T得点の数値だけにとらわれず，プロフィール全体を見て判断することも大切である。

（5）プロフィール指標

田中（1990）や井手（2007a）が紹介している基礎尺度に関連したプロフィール指標は，比較的簡便に算出でき解釈に役立つ。

①T反応総数, F反応総数, T反応率 (Tper)

単純にT反応の総数とF反応の総数である。TかFの少ない反応（MMPIの回答は多くの場合T反応が少ない）を数え上げれば，他方は算出できる。T反応率は，以下の公式で求める。

$$T反応率＝（T反応総数÷550）$$

＊小数点2位まで算出，3位を四捨五入。

②F-K指標 (偽装指標)

単純にFとKの粗点の差であり，以下のようにして算出できる。

$$F\text{-}K指標＝F－K（粗点）$$

③不安指標 (AI) と内面化比率 (IR)

T得点で以下の式で算出する。

$$AI＝\frac{（1尺度＋2尺度＋3尺度）}{3}＋((2尺度＋7尺度)－(1尺度＋3尺度))$$

$$IR＝\frac{（1尺度＋2尺度＋7尺度）}{（3尺度＋4尺度＋9尺度）}$$

＊小数点2位まで算出，3位を四捨五入。

④ゴールドバーグ指標

T得点で以下の式で算出する。

$$ゴールドバーグ指標＝（L尺度＋6尺度＋8尺度）－（3尺度＋7尺度）$$

⑤臨床尺度T得点平均，狭義臨床尺度T得点平均

以下のように算出する。

臨床尺度T得点平均　　　＝第1尺度から第0尺度までのT得点の平均
狭義臨床尺度T得点平均＝5尺度と0尺度を除く，8尺度のT得点の
　　　　　　　　　　　　　平均

＊以上，小数点1位まで算出，2位を四捨五入。

⑥T得点70超過臨床尺度数，T得点70超過狭義臨床尺度数

以下のように算出する。

T得点70超過臨床尺度数　　＝臨床尺度でT得点が70を超えた尺
　　　　　　　　　　　　　　度数
T得点70超過狭義臨床尺度数＝狭義臨床尺度でT得点が70を超え
　　　　　　　　　　　　　　た尺度数

⑤　追加尺度などの結果集計

　　追加尺度については，500以上も開発されており，またDahlstrom et al.（1972）にはその採点キーが紹介されている。しかし，臨床的に役立つ尺度やその解釈仮説などについて紹介されたり研究が重ねられたりしている尺度はそれほど多くはない。とはいえ100前後はあり，現在，筆者が取り上げて臨床的に活用している追加尺度について，その尺度記号と尺度名を取り上げて紹介しておく。追加尺度は，採点キー（構成項目の項目番号と採点方向）とその尺度の平均と標準偏差という標準データさえあれば，粗点とT得点は算出できる（井手，1997，2012，2013b）。米国のテキストでも，かつては自家製の採点盤で，今はコンピュータサービスなどで，算出することを勧めている。ここで取り上げた追加尺度の大半は公刊された処理ソフトでも扱われている。

　　まず，自我強度尺度（Es尺度），アルコール依存症尺度（MAC尺

頻用特殊尺度とウィギンス内容尺度

頻用特殊尺度		ウィギンス内容尺度	
A	不安	SOC	社会的不適応
R	抑圧	DEP	抑うつ
MAS	顕在性不安	FEM	女性的興味
Es	自我強度	MOR	意気消沈
Lb	腰痛（機能的）	REL	信仰上の根本主義
Ca	頭頂前頭葉損傷	AUT	権威葛藤
Dy	依存	PSY	精神病性
Do	支配	ORG	器質的症状
Re	社会的責任	FAM	家庭問題
Pr	偏見	HOS	顕在性敵意
St	社会的地位	PHO	恐怖症
Cn	統制	HYP	軽躁病
Mt	情緒不適応（大学生）	HEA	不健康
MAC	アルコール依存症		
O-H	敵意の過剰統制		

（＊～「尺度」は略。以降も同様）

度）など，比較的古くから使用頻度が高い15の追加尺度がある。古典的特殊尺度と呼ばれることもあるが，ここでは頻用特殊尺度としておく。これらの尺度は，日本版MMPI（日本MMPI研究会，1973）ならびに新日本版MMPI（MMPI新日本版研究会，1993）のテキストでも取り上げられ，公刊の採点盤で結果が算出される。また，Graham（1987），Greene（1980），Friedman et al.（1989/1999）などのMMPIの代表的なテキストでも取り上げられている。

　ウィギンス内容尺度は，13の尺度で構成される論理的手法で作られた代表的なセット尺度であり，やはり前述のほとんどのMMPIのテキストで取り上げられている。

　基礎尺度の結果を検討するために多くの下位尺度が作成されている。比較的よく使われているHarris & Lingoes（第2, 3, 4, 6, 8, 9尺度），Serkownek（第5, 0尺度），Wiener & Harmon（第2, 3,

4，6，9尺度の明瞭・隠蔽尺度），Little & Fisher（第3尺度のDn，Ad）を取り上げた。これらについてはGraham（1977/1985），Greene（1980），村上・村上（1992），Friedman et al.（1989/1999），Levitt & Gotts（1995）などに詳しい。

下位尺度

2 (D)

D-O	D（明瞭）
D-S	D（隠微）
D1	主観的抑うつ
D2	精神運動性遅延
D3	身体的不調
D4	精神的沈滞
D5	病的熟考

3 (Hy)

Hy-O	Hy（明瞭）
Hy-S	Hy（隠微）
Ad	症状の自認
Dn	症状の否認
Hy1	社会不安の否認
Hy2	愛情欲求
Hy3	疲労・不快
Hy4	身体愁訴
Hy5	攻撃抑制

4 (Pd)

Pd-O	Pd（明瞭）
Pd-S	Pd（隠微）
Pd1	家庭の不和
Pd2	権威問題
Pd3	社会的平静
Pd4a	社会的疎外
Pd4b	自己疎外

5 (Mf)

Mf1	自己愛・過敏性
Mf2	典型的女性興味
Mf3	典型的男性興味の否認
Mf4	異性愛への不快・受動性
Mf5	内省的・批判的
Mf6	社会的隠遁

6 (Pa)

Pa-O	Pa（明瞭）
Pa-S	Pa（隠微）
Pa1	被害観念
Pa2	神経過敏
Pa3	無邪気・純朴性

8 (Sc)

Sc1a	社会的疎外
Sc1b	情緒的疎外
Sc2a	自我統制の欠如，認知面
Sc2b	自我統制の欠如，能動面
Sc2c	自我統制の欠如，抑制困難
Sc3	奇妙な感覚経験

9 (Ma)

Ma-O	Ma（明瞭）
Ma-S	Ma（隠微）
Ma1	道徳欠如
Ma2	精神運動促進
Ma3	平静
Ma4	自我膨張

0 (Si)

Si1	劣等・個人的不快
Si2	他人への不快
Si3	真面目・個人的頑固
Si4	過敏
Si5	不信
Si6	身体の関心，懸念

ウィギンス内容尺度のように一群のセットになった尺度がいくつかある。7つの尺度からなるTSC（Tryan, Stein & Chu）クラスター尺度，やはり7つの尺度から構成されるインディアナ論理尺度，3つの尺度からなるフリードマン重複尺度がある。TSCクラスター尺度はほとんどのテキストで取り上げられている。フリードマン重複尺度は，Friedman et al.（1989/1999）が取り上げている。インディアナ論理尺度はLevitt & Gotts（1995）に詳しい。

ウィギンス内容尺度以外のセット（複合）尺度

TSCクラスター尺度		インディアナ論理尺度	
I （tsc）	社会的内向	I-De	依存性
B （tsc）	身体症状	I-Do	支配性
S （tsc）	猜疑心・不信感	I-DS	解離症状
D （tsc）	抑うつ・無感動	I-OC	強迫性
R （tsc）	憤慨・攻撃	I-SC	自己概念
A （tsc）	自閉性・分裂的思考	I-RD	重度現実歪曲
T （tsc）	緊張・心労・恐怖	I-SP	性的問題

フリードマン重複尺度	
POS	精神病重複
NOS	神経症重複
MOS	不適応重複

　代表的特殊尺度ほど多用はされていないが，テキストによって詳しく取り扱われていたり，日本での研究や紹介が見られるものとして16の特殊尺度を取り上げる。16の尺度は，Levitt & Gotts（1995）が有用な追加尺度として取り上げている自己主張尺度（Astvn尺度）や作業態度尺度（WA尺度）などの7尺度，ならびに村上・村上（1992）ほかが取り上げている9尺度である。

　また，DSM-IIIの基準に基づくものであるが，パーソナリティ障害尺度（Morey et al. 1985；Colligan et al. 1994；Levitt & Gotts, 1995）

も算出しておくと解釈の参考となる。

その他の特殊尺度

AStvn [f]	自己主張		N	正常性
5C	因習性		Ds-r	偽装
E/Cy	冷笑性・皮肉癖		As	アレキシサイミア
Ho	敵意		R-S	抑圧－鋭敏化
Pe	小児性愛		MAD	顕在性不安－防衛
S+	極度な猜疑心		Ts	自殺徴候
WA	作業態度		PK	心的外傷（PTSD）
			Ie	知的効率
			Tp	教育能力

パーソナリティ障害尺度

HST	演技性		His	演技性
NAR	自己愛性		Nar	自己愛性
BDL	境界性		Bdr	境界性
ANT	反社会的		Ant	反社会的
DEP	依存性		Dep	依存性
CPS	強迫性		Obs	強迫性
PAG	受動－攻撃性		Pag	受動－攻撃性
PAR	妄想性		Par	妄想性
STY	分裂病型		Sty	分裂病型
AVD	回避性		Avd	回避性
SZD	分裂病質			
			StyC	分裂病型コア
			SzdC	分裂病質コア

（*～「パーソナリティ障害尺度」は略）

　そのほか，さまざまな指標や指数などが考案されているが，類似した内容の一致度をみる不注意尺度（CLS尺度）は使われることが多い（Friedman et al. 1989/1999 など）。また，重篤な精神的病理や心理的問題が疑われるような回答内容のリストである危機項目の

チェックなども行うと臨床に役立つ。危機項目については，MMPI-2にも引き継がれているKoss and Butcher危機項目，Lacher and Wrobel危機項目，また5つの危機項目をまとめた統合的危機項目も役立つだろう（井手，2007a）。また，身体的愁訴を詳細に検討できるNicols危機項目などを含め，追加尺度のようにT得点を算出して参照するのも解釈に役立つだろう。さらに，「どちらともいえない」反応があれば，その項目を検討するのは意外に解釈に役立つことも少なくない（田中，2000）ため，できれば「どちらでもない」項目のリストを作成してほしいところである。危機項目の項目内容，ならびに筆者の用いている結果一覧表（井手，2015）を参考までに示しておく。

危機項目

Nicols危機項目		(不安と抑うつ)	
（健康／身体／神経）		15	急性緊張不安
01	健康問題	16	精神病恐怖
02	神経衰弱	17	抑うつ
03	痛み・不快	18	睡眠障害
04	頭痛	19	自殺念慮
05	呼吸循環器系	**（思考障害）**	
06	血管系	20	異常体験
07	上部消化器系	21	精神病的体験
08	下部消化器系	22	被害妄想的体験
09	泌尿生殖系	**（その他）**	
10	発汗	23	攻撃衝動
11	運動	24	非行
12	感覚	25	物質乱用
13	記憶・集中力	26	性的問題
14	意識障害		

統合危機項目		Lacher and Wrobel危機項目	
		（心理的不快感）	
1	心身愁訴		
2	抑うつ・自殺	01	不安・緊張
3	奇異体験	02	抑うつ・心配
4	関係念慮	03	睡眠障害
5	偏倚態度		（現実歪曲）
6	性的問題	04	逸脱信念
Koss and Butcher危機項目		05	逸脱思考・体験
1	急性不安		（性格的順応）
2	抑うつ自殺念慮	06	物質乱用
3	脅迫の攻撃	07	反社会的態度
4	アルコールに絡むストレス	08	家族葛藤
5	精神錯乱	09	問題ある怒り
6	被害念慮	10	性的関心・逸脱
		11	身体症状

MMPI　結果一覧

***Basic Scales

Validity // Clinical

? L F K 1 2 3 4 5 6 7 8 9 0

* code

Welsh Code：

Hathaway Code：

Two Point Code：

* index

CLS F-K AI IR GI Tper mnC8 mnC10

***Additional Special Scales

* frequently used

A R MAS Es Lb Ca Dy Do Re Pr St Cn Mt MAC
O-H

* wiggins

SOC DEP FEM MOR REL AUT PSY ORG FAM HOS
PHO HYP HEA

* tsc freedman

I B S D R A T POS NOS MOS

* indian & LG special

I-De I-Do I-DS I-OC I-SC I-RD I-SP AStvn [f 5C
E/Cy Ho Pe S+ WA

** sub scale

D-O D-S D1SD D2PR D3PM D4MD D5Br

Hy-O Hy-S Ad Dn Hy1DS Hy2NA Hy3LM Hy4SC Hy5IA

Pd-O Pd-S Pd1FD Pd2AP Pd3SI Pd4aSo Pd4bSe Mf1NH
Mf2FI Mf3DM Mf4HD Mf5IC Mf6SR

Pa-O Pa-S Pa1PI Pa2Po Pa3Na Sc1aSA Sc1bEA Sc2aLCg
Sc2bLCn Sc2cLDI Sc3BS

Ma-O Ma-S Ma1Am Ma2PA Ma3Im Ma4EI Si1In Si2DO
Si3St Si4HS Si5Dt Si6PC

* etc

N PK Ts As MAD R-S Ie Tp Ms Fm Ds-r Fb

* personality disorder

HST NAR BDL ANT DEP CPS PAG PAR STY AVD SZD

His Nar Bdr Ant Dep Obs Pag Par Sty Avd StyC SzdC

***critical items

* Nicols'

n01IH n02Nt n03PD n04HC n05Cr n06Va n07UG n08LG
n09Ge n10Sw

n11Mo n12Se n13MC n14LC

n15AT n16Pp n17DS n18SD n19SI n20UE n21Ps n22Pe
n23AI n24Dq n25SA n26SP

* Synthesized

sy1PC sy2DS sy3PE sy4RI sy5DA sy6SP

* Koss-Butcher's

kb1AA kb2DS kb3TA kb4SA kb5MC kb6PI

* Lachar-Wrobel's

l01AT l02DW l03SD l04DB l05DE l06SA l07AA l08FC l09PA
l10SC l11SS

** CannotSay List

** Carelessness Scale Item List

Ⅲ │ MMPIの理解から実践へ

　心理検査は，施行法や結果整理法，そして解釈に関する知識と技術さえ習得しておくと，あとは検査刺激さえあれば適用できるものである。ロールシャッハは基本的にはRorschachの作った10枚の図版さえあれば，ほかのものは日用品などを使ってハンドメイドで施行して結果を集計し，解釈までできる検査である。MMPIの場合は，550枚の項目文章のセットさえあれば検査は施行でき，さまざまな結果の処理ができ，その被検者の心理的側面の理解を深めていける。ロールシャッハとMMPIは人間の心理の複雑さについてパズルを解くように探求でき，その魅力にとりつかれるようなところがある。それゆえに，マニアックといえるような研究者や臨床愛用者が多く，たくさんの研究版やシステム，さらに解釈法が開発され，発展していったのであろう。

　ロールシャッハについてもいえることだが，最近はコンピュータを利用する方法が増えてきている。たしかに追加尺度も含めると莫大なMMPIの結果処理はコンピュータに任せて，その分，解釈のために時間を取ることが臨床的には大切になることも多い。しかし，MMPIもロールシャッハも，その始まりはかなり泥臭い人間の手作業で作られ発展してきたものである。だからこそ，非常に人間理解に役立つ検査となったように考えられる。このような検査を身につけていく段階では，なるべく手作業で結果の処理を行うことは，さまざまな意味で大事なことであろう。最低限，いざとなったら手作業でも結果が処理できなければ，MMPIもロールシャッハも身につけたとはいえないと思うところもある。また解釈につながる検査の基本的構成も含めた結果の処理をしっかりと理解しておくことが，実践的な臨床的活用の核となる解釈につながると思われる。

　心理検査の解釈は臨床法と統計法とに分けることができるといわれるが，MMPIやローシャッハは双方の解釈法が適用される（田中，

1990；村上・村上，2004；井手，2013a）。近年はEBMの潮流に乗った統計法的な解釈が重視される傾向にあるが，たしかにそのような観点からの解釈により客観的，全体的な位置づけで個人の心理を理解していくのは重要である。しかし，同時にロールシャッハのように，多数の検査情報を関連づけたゲシュタルト的見方（小川，2001，2008）によって，対人関係や発達を含めた力動的な個人の全体的特徴を理解していく臨床法的解釈も同時に有用であろう。MMPIでそのような理解を進めていくことは，臨床的な診断や個別的な関わりにおいて，微妙な側面も無視できない治療的アプローチや心理療法的関与を考えていくうえで役立つだろう。MMPIの多数の結果を利用した臨床法的解釈については次章以降で詳述されるが，井手・荒川（2007）や本多・井手（2016）なども参考になる。今後，このような事例・症例研究が，ロールシャッハのように増えていくことを期待したい。

　なお，米国ではMMPI-2へとすでに移行しており，日本でもこれに依拠した研究版である北里大学版がある（小口，2001）。日本においてもMMPI-2の公刊は待たれるところであろう。しかし，米国においてもMMPIからMMPI-2への完全な移行は10年ほどの期間がかかった。MMPI-2はMMPIとは少し異なるところもあるが，基礎尺度はMMPIと互換性があり，ここで取り上げた追加尺度や危機項目のほとんどは引き継がれている。日本においてはまだまだMMPIは大いに活用でき，またMMPIを臨床的に活用し研究を重ねていけば，米国のようにMMPI-2にその発展を継承できるであろう。

注
1　新日本版の処理ソフト「MMPI新日本版採点プログラム」は，心理検査の専門家であれば三京房にて購入できる（三京房：〒605-0971　京都市東山区今熊野ナギノ森町11／MMPIの処理ソフトのURLは http://www.sankyobo.co.jp/ammpiprogram.html）。
　　MiWは，MMPI統合処理システム開発グループ（MDG ＝ <u>M</u>MPI Integrated Operating System <u>D</u>evelopment <u>G</u>roup）の研究版プログラム・ソフトであり，その臨床的活用にはいくつかの条件がある。興味・関心のある臨床的専門家の方は mdg15adm@gmail.com（Mdg

責任者：井手正吾）に問い合わせてほしい。

2　Levitt & Gotts (1995) は，訳本が2012年に三京房より刊行されている（木場深志＝訳 (2012) MMPI追加尺度の臨床的応用 第2版．三京房）。

3　札幌学院大学心理臨床センター紀要の文献は，次のURLにて参照でき，必要ならばPDFファイルにて入手できる。
http://jinbunweb.sgu.ac.jp/~rinshoshinri/rinsho_kiyo.html
http://jinbunweb.sgu.ac.jp/~rinshoshinri/repogitory/list.html

文献

Colligan, R.C., Morey, L.C., & Offord, K.P. (1994) The MMPI/MMPI-2 personality disorder scales : Contemporary norms for adults and adolecents. Journal of Clinical Psychology 50 ; 168-200.

Dahlstorm, W.G., Welsh, G.S., & Dahlstrom, L.E. (1972) An MMPI Handbook Volume I : Clinical Interpretation. A Revised Edition. Minneapolis : University of Minnesota Press.

Dahlstrom, W.G. & Dahlstrom, L.E. (Eds.) (1980) Basic Readings on the MMPI : A New Selection on Personality Measurement. Minneapolis : University of Minnesota Press.

Friedman, A.F., Webb, J.T., & Lewak, R. (1989) Psychological Assessment with the MMPI. New Jersey : Lawrence Erlbaum Associates.（MMPI新日本版研究会＝訳 (1999) MMPI による心理査定．三京房）

Graham, J.R. (1977) The MMPI : A Practical Guide. New York : Oxford Universitiy Press.（田中富士夫＝訳 (1985) MMPI臨床解釈の実際．三京房）

Graham, J.R. (1987) The MMPI : A Practical Guid. Second Edition. New York/Oxford : Oxford University Press.

Greene, R.L. (1980) The MMPI : An Interpretive Manual. New York : Grune & Stratton.

Hathaway, S.R. & McKinley, J.C. (1951) Minnesota Multiphasic Pesonality Inventory Manual Revesed. New York : The Psychological Corporation.

本多 悠・井手正吾 (2016) 多数の尺度・指標を用いたMMPI結果の実用的解釈例．札幌学院大学心理臨床センター紀要16 ; 1-9.

井手正吾 (1995) 日本語版MMPIの応用に至るまで――MMPIという検査の理解のために．第28回全国学生相談研究会議（旭川シンポジウム）報告書, pp.81-86.

井手正吾 (1997) 下位尺度と特殊尺度．In：MMPI新日本版研究会＝編：MMPI新日本版の標準化研究．三京房, pp.51-69.

井手正吾 (2007a) 5つのCritical Itemsの検討とその統合の試み．MMPI研究・臨床情報交換誌17 ; 14-39.

井手正吾 (2007b) プロフィール指標に関する基礎資料．MMPI研究・臨床情報交換誌17 ; 40-46.

井手正吾 (2009) MMPIにおけるコンピュータ利用――Project MI and MiW．MMPI研究・臨床情報交換誌19 ; 54-56.

井手正吾 (2011) MMPIにおけるコンピュータ利用．In：日本臨床MMPI研究会＝監修／野

呂浩史・井手正吾・荒川和歌子＝編：わかりやすいMMPI活用ハンドブック──施行から臨床応用まで．金剛出版，pp.297-309.

井手正吾（2012）MMPI追加尺度の基礎資料．札幌学院大学心理臨床センター紀要12；7-24.

井手正吾（2013a）心理診断から研究へ──MMPIを通して．臨床心理学13；370-374.

井手正吾（2013b）前号論文（2012年，12号，Pp.7-24）の訂正表．札幌学院大学心理臨床センター紀要13；117-120.

井手正吾（2014）MMPIの臨床と研究──心理診断から研究へ（補遺）．札幌学院大学心理臨床センター紀要14；11-18.

井手正吾（2015）MMPI活用のための基礎資料：結果一覧とその解釈資料──MiWによるMMPI処理結果の一覧とその解釈資料．MMPI統合的処理システム開発グループ（MDG）資料.

井手正吾・荒川和歌子（2007）MMPIの臨床場面における実践的活用．札幌学院大学心理臨床センター紀要7；3-20.

井手正吾・田形修一（2001）MMPIにおけるコンピュータ援用──MMPIコンピュータ支援システムMIとプログラムソフトMiW．中京大学心理学部紀要1；91-102.

金沢大学心理学研究室（1965）MMPI邦語版実施てびき（金沢大学版）manuscript paper.

片口安史（1972）カロ・インクブロット・テスト解説──ロールシャッハ法の新しい展開への試み．金子書房.

MMPI新日本版研究会＝編（1993）新日本版MMPIマニュアル．三京房.

MMPI新日本版研究会＝編（1997）MMPI新日本版の標準化研究．三京房.

Morey, L.C., Waugh, M.H., & Blashfield, R.K. (1985) MMPI scales for DSM-III personality disorders : Their Drivation and correlates. Journal of Personality Assessment 49-3 ; 245-251.

村上宣寛・村上千恵子（1992）コンピュータ心理診断法──MINI, MMPI-1自動診断システムへの招待．学芸図書.

村上宣寛・村上千恵子（2004）臨床心理アセスメントハンドブック．北大路書房.

村上宣寛・村上千恵子（2009）MMPI-1/MINI/MINI-124ハンドブック──自動診断システムへの招待．学芸図書.

Levitt, E.E. & Gotts, E.E. (1995) The Clinical Application of MMPI Special Scales. Second Edition. New Jersey : Lawrence Erlbaum Associates.

日本MMPI研究会＝編（1973）日本版MMPI・ハンドブック増補版．三京房.

日本臨床MMPI研究会＝監修／野呂浩史・井手正吾・荒川和歌子＝編（2011）わかりやすいMMPI活用ハンドブック──施行から臨床応用まで．金剛出版.

小川俊樹（2001）アセスメント技法研究（1）──投影法．In：下山晴彦・丹野義彦＝編：講座臨床心理学2 臨床心理学研究．東京大学出版会，pp.143-162.

小川俊樹（2008）今日の投影法をめぐって．In：小川俊樹＝編：投影法の現在．現代のエスプリ別冊，pp.5-20.

小口 徹＝編（2001）国際的質問紙法心理テストMMPI-2とMMPI-Aの研究．私家版.

鋤柄増根（1993）メタ分析によるコンピュータ化MMPIと冊子法との得点差（効果の大きさ：effect size）の推定．臨床心理学の諸領域9；19-25.

鋤柄増根（1997）コンピュータ化実施の諸問題．In：MMPI新日本版研究会＝編：MMPI新日本版の標準化研究．三京房，pp.248-271.

田中富士夫（1990）質問紙法．In：土居健郎・笠原 嘉・宮本忠雄・木村 敏＝編：異常心理学講座8．みすず書房，pp.17-69.

田中富士夫（2000）MMPI新日本版における？尺度の基礎資料．MMPI研究・臨床情報交換誌11；580-592.

辻岡美延（1972）新性格検査法——YG性格検査実施・応用・研究手引．竹井機器工業.

4321

MMPIをはじめよう!

臨床的解釈の基礎

荒川和歌子

I｜はじめに

　本章では臨床的解釈の基本となる事項についてわかりやすく解説していきます。今手元にMMPI結果があり，それを解釈したいと思っている，という状況を想定して進めていきます。ここではAさん（27歳男性，大学院在学中，過敏性腸症候群で内科からの紹介で精神科受診）のMMPI結果をベースに解釈の手順を解説します。

　まず大前提として，①基礎尺度（4つの妥当性尺度と10の臨床尺度を含む）のプロフィールパターン（尺度布置）をしっかりと解釈することが重要です。ここで得られた仮説に，②主な指標，③追加尺度から得られる解釈を肉付けしていきます。まずは基礎尺度のプロフィールパターンを解釈していきましょう。

　なお，ここではMMPI解釈に必要な最低限の知識を得ていただくために，あえて簡単に・わかりやすく解説していきます。各尺度のより詳細な解説については優れた書籍がすでに出版されておりますので，より詳しく学ぶ際にはそれらの書籍にもあたって，ご自身の知識をより深めていただくことをお勧めします。以下にそれらの書籍のうち日本語で読めるものの一例を紹介しておきます。

参考文献

①Friedman, A.F., Webb, J.T., & Lewak, R. (1989) Psychological Assessment with the MMPI. New Jersey : Lawrence Erlbaum Associates. (MMPI新日本版研究会＝訳 (1999) MMPIによる心理査定. 三京房)

②Graham, J.R. (1987) The MMPI : A Practical Guid. Second Edition. New York/Oxford : Oxford University Press. (田中富士夫＝訳 (1985) MMPI臨床解釈の実際. 三京房)

③村上宣寛・村上千恵子 (2009) MMPI-1/MINI/MINI-124ハンドブック——自動診断システムへの招待. 学芸図書.

II │ 基礎尺度（妥当性尺度＋臨床尺度）は何を表しているのか？

　基礎尺度の解釈では，もちろん個々の尺度の高低にも意味がありますが，それに加えてプロフィールパターン（尺度得点全体のバランス，各尺度得点の相対的な高低のこと）をとらえることが非常に重要です。基礎尺度の得点が折れ線グラフで示され（これがプロフィールパターンと呼ばれます），結果が視覚的に得られるのは検査としてのMMPIの優れた特徴でもあります。尺度のT得点がどれくらいなら高いとみなすのか，あるいは低いとみなすのかという疑問をよく耳にします。T＝50平均で，そこから逸脱するほど「高い／低い」ということになりますが，おおむねT＝70を超えるとかなり高い，T＝45を下回ると低いと考えてよいでしょう。ただし，各尺度によって，あるいは全体的なプロフィールパターンによって，この「高い／低い」の基準も若干変化することがあるので注意が必要です。Aさんの基礎尺度プロフィールパターンを図1に示します。

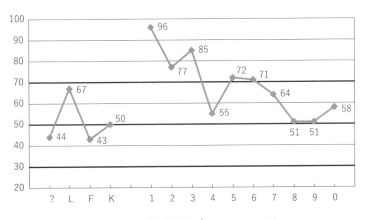

図1　Aさんの基礎尺度プロフィールパターン

① 妥当性尺度を解釈しよう

　図1のプロフィールパターンで左側に位置している「?，L，F，K」という4つの尺度を妥当性尺度といいます。妥当性尺度はその名の通り検査結果の妥当性を測るために作られた尺度ですが，解釈上はむしろ，検査に対する構えや検査態度，あるいはパーソナリティの基礎となるようなより基本的な構え（自分自身をどのように見ているか，他者からどのように見られようとしているかなど）を反映するという点でも重要です。表1に妥当性尺度の解説を示します。

　個々の尺度の高低だけでなく，プロフィールパターンをとらえることが重要であることはすでに述べました。妥当性尺度をプロフィールパターンでとらえてみましょう。L，F，Kという3つの尺度のパ

表1　妥当性尺度の解説

尺　度	解　説
?尺度 （疑問尺度）	質問項目がよく理解できていない，「あてはまる」か「あてはまらない」かどちらかに決めることができない，また，検査に対する防衛的な態度や非協力的態度などでも高くなります。 粗点（「どちらでもない」と答える数）は9以下にすることを求めることが多いです。どの項目に「どちらでもない」と回答したのか，項目内容にあたることが臨床的に有用な場合があります。
L尺度 （虚偽尺度）	道徳的な価値観を重視する傾向，自分を好ましく見せようとする態度や否認傾向が強いと高くなります。「fake good」の尺度と呼ばれることもあります。就職試験の際に実施された場合は高くなるなど，検査が行なわれた状況の影響を受けることがあります。社会的経験の乏しさを反映し，いわゆる「世慣れていない」場合にも高くなるため低年齢の被検者でも高くなる傾向があります。
F尺度 （頻度尺度）	心理的苦痛が強い，自分自身をネガティブにとらえているなどのときに高くなります。病理が重篤なときも高くなりますが，自分を悪く見せようとする態度や援助を求める気持ちが強いときにも高くなり，「fake bad」の尺度と呼ばれることもあります。 病理が重篤なものの，慢性的な問題を抱えることに慣れてしまっている場合にそれほど上昇しないことがあるので注意が必要です。
K尺度 （修正尺度， 対処尺度）	心理的な防衛が機能しており，物事に対処できていると高くなります。T=70を超えるなど，特別高いと防衛的な態度を反映しています。したがって低得点は，率直さや自己批判的態度，自信のなさ，心理的防衛能力が低下していることを表します。

ターンに注目します。①山型布置（逆Ｖ字型ともいいます），②谷型布置（Ｖ字型ともいいます），③下降型布置，④上昇型布置という４つのパターンが特に重要です。これ以外の布置となった場合には，４つの布置のいずれかの変形として解釈することになります。４つの布置の解説を表2に示します。よりわかりやすく解説するために「各尺度の意味を足し算するとその布置の意味になる」という考え方に基づき，たとえば山型布置の場合「Ｌ低＋Ｆ高＋Ｋ低＝山型布置」と捉えて解説しました。より詳細に解説しようとすればそう単純でない部分もありますが，ひとつの考え方として参考にしてください。妥当性尺度のプロフィールパターンについては，前述した参考文献①『MMPIによる心理査定』により詳しい記述があります。

　以上を踏まえたうえでAさんの妥当性尺度を解釈してみましょう。Ｌ，Ｆ，Ｋという３つの尺度のパターンははっきりとした谷型（Ｖ字型）で，Ｌ尺度が高くＦ尺度は低い，Ｋ尺度は中程度の高さとなっています。Ｌ尺度の高さから，道徳的な価値にこだわり物事を白か黒かで考えがちであり，より世慣れていない素朴で単純な人物像がうかがわれます。「自分を良く見せよう」という検査への構えも推測されます。Ｌ尺度は被検者の年齢がより若く，教育歴がより浅い場合にも高くなりがちですが，Aさんの年齢（27歳）と教育歴（大学院在学中）を考えると，むしろパーソナリティ特徴や検査への構えの側面から解釈されるのが妥当でしょう。また，身体の不調を抱え精神科を受診しているという状況にもかかわらずＦ尺度は低く，ここでは「悩みごとがなく心理的に安定している」という解釈よりは，やや不自然なくらいに自分をネガティブにとらえない傾向，否認傾向がうかがわれるという解釈になるでしょう。否認傾向はＬ尺度の高さからも支持されます。Ｋ尺度は中程度の高さで，ある程度の心理的防衛機能が働き，物事への対処がそれなりに可能なことが推測されます。自信もそれなりにありそうです。そのため，心理的問題を抱えていたとしても表向きはあまり目立たない可能性があります。

MMPIをはじめよう！　第3章　**73**

表2　妥当性尺度のプロフィールパターンの解説

パターン		解説
山型（逆Ｖ字型） ※この布置は「援助を求める叫び」と呼ばれることがあります。		L低＋F高＋K低＝ 自分を良く見せようとはしない・否認しない＋心理的苦痛が強い＋心理的防衛能力低下 （まとめると……）「自らをネガティブにとらえており自己批判的になっています。物事に自分ではうまく対処することができないと感じており、心理的苦痛が強い状態であると推測されます。重篤な病理が存在する可能性もありますが、援助を求める気持ちが結果に反映されていることとも考えられます。」
谷型（Ｖ字型） ※この布置は「最も閉鎖的な布置」と呼ばれることがあります。		L高＋F低＋K高＝ 自分をよく見せようとする・否認する＋自分を悪く見ない・心理的苦痛は強くない＋心理的防衛が機能している （まとめると……）「自分を良く見せようとする構えが強く、心理的な問題を否認する傾向があります。検査は妥当です。被検者が健常群であれば、心理的防衛を用いて物事にうまく対処している可能性もあり得ます。被検者が臨床群である場合、防衛的で自らの問題に目を向けにくく心理的な問題が出にくいことが推測されます。」
下降型		L高＋F中程度＋K低＝ 自分を良く見せようとする・社会的経験が乏しい＋心理的苦痛はそれほど強くない＋心理的防衛が低下 （まとめると……）「世慣れておらず素朴な傾向がうかがわれます。心理的な苦痛はそれほど強く感じていませんが、物事にはうまく対処できないという感じをもっており自信がもてないようです。」
上昇型 ※この布置は「心理療法家の布置」と呼ばれることがあります。		L低＋F中程度＋K高＝ 自分を良く見せようとはしない・否認しない＋心理的防衛が機能している （まとめると……）「検査に対して率直に取り組んだことがうかがわれます。かつ物事に対処できていると感じており、心理的に安定した状態であることが推測されます。」

74

② **臨床尺度を解釈しよう**

(1) 臨床尺度について

　　図1のプロフィールパターンで右側に位置している10個の尺度（第1尺度から第0尺度）を臨床尺度といいます。臨床尺度にはもともと以下に示すような，主に精神病理を表す名前がついていました。

　　　　第1尺度：Hs（心気症）

　　　　第2尺度：D（抑うつ）

　　　　第3尺度：Hy（ヒステリー）

　　　　第4尺度：Pd（精神病質的偏倚，精神病質）

　　　　第5尺度：Mf（男性性・女性性）

　　　　第6尺度：Pa（パラノイア）

　　　　第7尺度：Pt（精神衰弱，強迫神経症）

　　　　第8尺度：Sc（精神分裂病）

　　　　第9尺度：Ma（軽躁病）

　　　　第0尺度：Si（社会的内向性）

　　　　※疾患名は現在用いられている診断名と必ずしも一致しません。

　　上のような名前がついているのは，MMPIにはもともと特定の精神病理の診断を行なうことを目指して作成されたという歴史があるからです。しかしその試みは結果的にはうまくいかない面があり，MMPIの目的はパーソナリティ記述へと移行していきました。現在も10個の臨床尺度の意味は変わっておらず，それぞれの尺度がどのような精神病理を示しているのかを知っておくことは重要ですが，尺度名については現在，第1尺度〜第0尺度と数字で呼ぶのが一般的です。この臨床尺度各々の高低やプロフィールパターンから，被検者のパーソナリティ特徴についての仮説を読み取っていきます。臨床尺度の解説を表3に示します。

表3　臨床尺度の解説

尺　度	解　説
第1尺度 (Hs尺度)	身体や健康に対するとらわれや心配が強いと高くなります。具体性を欠く身体上の不調を訴えたり，それによって他者を操作する傾向とも関連します。心理的な問題を身体愁訴に置き換えてしまうこともあります。
第2尺度 (D尺度)	うまくできていないという感じ，抑うつ感が強いと高くなりますが，気分の変動によって得点が変化しやすい尺度であり，他の臨床尺度と組み合わせて解釈することが適切です。
第3尺度 (Hy尺度)	心理的葛藤に対して身体症状によって責任を回避する傾向（転換症状を用いる傾向）が強いと高くなります。未熟で自己洞察に欠ける傾向があり，対人関係では人当たりがよいものの表面的な関係になることが多いです。
第4尺度 (Pd尺度)	社会規範を取り込めず反抗や敵意を反社会的な形で行動に表わしやすいと高くなります。怒りの尺度と言われることもあります。「我の強さ」「自己主張ができる」などの意味で心理的な強さと解釈する場合もあります。
第5尺度 (Mf尺度)	性別によって意味が異なるため注意が必要な尺度です。基本的には，反対の性の慣習的な性役割を取り入れているほど高くなります（男性ではより女性らしければ高くなり，女性ではより男性らしければ高くなります）。男性の高得点＝受動的，自己主張に乏しい，文学・芸術への関心が強いなど。女性の高得点＝能動的，自己主張的，男性的なものへの興味など。自らの性別や性役割に葛藤があっても高くなります。
第6尺度 (Pa尺度)	妄想的な傾向や猜疑傾向が強いと高くなりますが，中程度の高さは，感受性や敏感さ，繊細さなどとも関連します。低得点の場合には，人を信用し適応している人と，検査に対する猜疑心から反対の回答をしたパラノイド障害者の両方が含まれると言われるため注意が必要です。
第7尺度 (Pt尺度)	緊張や不安が強いと高くなります。生真面目さや几帳面さとも関連しますが，高じると強迫性や完全主義傾向と関連します。
第8尺度 (Sc尺度)	抽象的・非現実的思考や風変わりな傾向，疎外感が強いと高くなります。時には豊かな創造性を表すこともあります。極端に高い場合は急性の精神混乱状態にあると解釈されます。
第9尺度 (Ma尺度)	心的エネルギー・活動水準の高さを表わします。心的エネルギーが高いと上昇しますが，高じると落ち着きのなさや衝動性，躁的な傾向を表わします。低得点は活動性の乏しさと関連し，極度の低得点は第2尺度の得点とは関係なく抑うつと関連します。
第0尺度 (Si尺度)	内向的で他者といるより独りでいることを好む傾向が強いと高くなります。低得点は他者と関わりたいと願う社交的傾向と関連しますが，著しく低い場合は軽薄で対人関係が表面的なことと関連します。

（2）臨床尺度をプロフィールパターンでとらえよう

　　臨床尺度のプロフィールパターンをとらえるコツは，まず全体を大きくとらえ，徐々により小さなまとまり，個々の尺度へと目を移していくことです。以下にその流れを示しつつ，Aさんの結果を解釈していきます。この手順のなかで「特定の尺度布置」が表われているかをとらえ，解釈していくことになります。これらの布置の解説を表4にまとめて示します。「特定の尺度布置」とは，あるパーソナリティ特徴をもった被検者に非常によく見られる布置のことです。いくつかの布置が存在し，後に述べる「2点コード」とともに被検者のパーソナリティの特徴を知るうえで非常に重要です。特定の尺度布置にはそれぞれ名前がついています。表4では「精神病の傾き」・「神経症の傾き」「転換V」「パラノイドの谷」，女性の「受動－攻撃のV」と呼ばれる4つの布置について解説しています。ここでも「各尺度の意味を足し算すると特定の尺度布置の意味になる」という考え方で解説しています。

①臨床尺度全体を妥当性尺度とのバランスでとらえる

　　まず臨床尺度全体を妥当性尺度とのバランスでとらえます。F尺度が極端に上昇している場合，特に妥当性尺度の布置が極端な山型（「援助を求める叫び」／表2参照）を示す場合，臨床尺度は全体的に上昇します。この場合，上昇した臨床尺度をT得点で5〜10点引き下げてとらえるとよいと言われています。逆に妥当性尺度が谷型で否認傾向がうかがわれる場合は，T得点で50を超える臨床尺度を5〜10点引き上げてとらえるとよいと言われています。これによって，そのままでは解釈しにくいプロフィールについても，より注意深くとらえることができるようになるからです。また，こういったF尺度と臨床尺度との関係を別の角度から考えると，F尺度がそれほど上昇していないにもかかわらず臨床尺度が高い場合，その被検者の問題はより深刻である可能性が高いということになります。たとえば，重い病態でも慢性的に問題を抱えることに慣れてしまっている

表4　特定の尺度布置の解説

布置の名前	条件	解説
「精神病の傾き」・「神経症の傾き」	プロフィールを第5尺度で左右に分けたとき、右側（第6、7、8、9、0尺度）が T＝70 を超え、左側（第1、2、3、4尺度）が T＝70 未満の場合を「精神病の傾き」、その逆を「神経症の傾き」と呼ぶ。	プロフィールを左右に分けたとき、右側の尺度群は主に精神病的問題と関連すると言われ「精神病尺度」と呼ばれることがあり、左側の尺度群は主に神経症的問題と関連すると言われ「神経症尺度」と呼ばれることがあります。このどちらの尺度群が相対的に高い値を取るかで、「精神病の傾き」あるいは「神経症の傾き」と呼ばれるようになります。さらに、プロフィールが明らかにどちらかの傾きになったとしてもそれだけで「精神病の傾き」「神経症の傾き」と特定することはできません。あくまでも被検者の臨床像についての仮説を組み立てていく際の出発点として参考にすべきでしょう。
「転換V」	第1尺度および第3尺度が T＝70 以上であり、このふたつの尺度が第2尺度よりも T＝10 以上高い布置。（第1,3尺度が70を超えていなくても第2尺度との差が10あれば解釈できるという考え方もある）	1尺度高＋3尺度高＋2尺度が相対的に低＝身体愁訴・未熟・身体へのこだわり。身体的問題を身体愁訴状など置き換える傾向＋自覚的な抑うつ感は比較的高く低い （まとめると……）自らの心理的問題を、身体愁訴など社会的に受け入れられやすい問題へと「置き換えて」しまう（これがここでの「転換」の意味）傾向が示唆されます。身体愁訴によって置かれている状況から逃れたり、他者をコントロールしようとするところがあるかもしれません。問題を抑圧・否認することが推測されます。
「パラノイドの谷」	第6尺度および第8尺度が T＝70 以上であり、このふたつの尺度が第7尺度よりも T＝10 以上高い布置。	6尺度高＋8尺度高＋7尺度が相対的に低＝妄想的思考・極端な敏感さと非現実的思考傾向＋現実的な不安さは相対的には低い （まとめると……）非現実的で妄想的な思考傾向が示唆され、特に妄想型の統合失調症の可能性があります。極端な敏感さと非現実的な病理の存在、特に妄想的な病理の存在、この布置が見られた際には精神病的な問題との関連が推測されます。
女性の「受動－攻撃のV」	女性のプロフィールで、第4尺度および第6尺度が T＝70 以上、かつ第5尺度が T＝50 未満の布置。	（女性）4尺度高＋6尺度高＋5尺度低＝攻撃性・感受性・敵意・怒りを見る敏感さ＋怒りや攻撃性を非常に受身的女性的 （まとめると……）怒りや攻撃性をストレートに表現せず、相手に違和感を抱かせるような間接的な仕方で相手を貶める「受動攻撃的」なパーソナリティ傾向が示唆されます。特に男性との問題との関連が推測されます。

場合にも，F尺度はそれほど上昇しないことが多い（おおむねT＝65）からです。

　Aさんの場合を見てみましょう。F尺度が低いにもかかわらずT得点で70を超える臨床尺度が5つもあり，Aさんの問題の深刻さがうかがわれます。特に臨床尺度を引き上げなくても，十分解釈可能なプロフィールだと思われます。

②「神経症尺度」と「精神病尺度」のバランスを大きくとらえる

　次に「神経症尺度」と「精神病尺度」のバランスをとらえます。第1，2，3尺度のまとまりを「神経症尺度」，第6，7，8尺度のまとまりを「精神病尺度」と呼ぶことがあります。第1，2，3尺度のまとまりはより神経症的な病理と関連が深く，第6，7，8尺度のまとまりはより精神病圏の病理と関連が深いと考えます。個々の尺度の意味を考えると，第2尺度はむしろ精神病尺度，第7尺度はむしろ神経症尺度ではないかと感じる面もありますが，「神経症尺度」「精神病尺度」はそれぞれ3つの尺度のまとまりとしてとらえておくと役に立ちます。つまり，まとまりとしてその布置を検討することが被検者の病態水準を明らかにすることにつながります。プロフィール全体を見たときに，神経症尺度群が上昇していれば神経症的な問題が大きく，あるいは精神病尺度群が上昇していれば精神病圏の問題が大きいことが示唆されます。両方の尺度群が同時に上昇することもあります。表4の「精神病の傾き」・「神経症の傾き」も，この視点でプロフィールをとらえたものと言えます。

　Aさんの場合を見てみましょう。明らかに神経症尺度群が精神病尺度群よりも上昇しています。まずはおおよそ「神経症的な問題が大きい」ということがわかります。次の③でより詳しく問題の中身を検討することになります。

MMPIをはじめよう！　第3章

③「神経症尺度」「精神病尺度」などの尺度群をプロフィールパターンでとらえる

　次にそれぞれの尺度群をプロフィールパターンでとらえます。まず「神経症尺度」です。この3つの尺度（第1，2，3尺度）のプロフィールパターンをとらえるうえでまず重要なのは，「転換V」の布置（表4参照）が見られるか否かです。転換Vの布置のように第1，2，3尺度が谷型（V字型）布置なのか，あるいは山型（逆V字型）布置なのかをとらえておくとよいでしょう。谷型布置の場合，転換Vの場合に特に顕著ですが，心理的葛藤を何らかの症状（主に身体的愁訴）に置き換えて表に出す，表現する傾向が強いことがうかがわれます。一方，山型布置の場合は逆に表に出せずため込んだり，精神症状が主となる傾向が強いという印象があります。どちらの布置でもない場合は個々の尺度解釈に委ねる部分が多くなりますが，臨床的には「第3尺度の高さが第2尺度の高さに対してどうか」が解釈のひとつのポイントとなります。

　次に「精神病尺度」です。この3つの尺度（第6，7，8尺度）のプロフィールパターンをとらえるうえでまず重要なのは，「パラノイドの谷」の布置（表4参照）が見られるか否かです。パラノイドの谷の布置のように第6，7，8尺度が谷型（V字型）布置なのか，あるいは山型（逆V字型）布置なのかをとらえておくとよいでしょう。谷型布置の場合，パラノイドの谷の場合に特に顕著ですが，非現実的にグルグルと考え込む傾向が強く，時に思考が現実から離れてしまい現実検討能力の低下が認められることがあります。一方，山型布置の場合は現実的な側面が比較的しっかり保たれていることがうかがわれます。精神病尺度のなかでも第7尺度はより現実的な不安との関連が強い尺度であると考えられ，山型布置はこの第7尺度が第6，8尺度よりも相対的に高い布置だからです。たとえ第6，8尺度が上昇していても第7尺度がそれよりも高い場合は，少なくとも現時点で被検者が精神病（たとえば統合失調症）である可能性はやや低くなると思われます。どちらの布置でもない場合は個々の尺度

解釈に委ねる部分が多くなりますが，今述べたように「第8尺度の高さが第7尺度の高さに対してどうか」が解釈のひとつのポイントとなります。

　さらに被検者が女性の場合，第4，5，6尺度のプロフィールパターンにも注目します。この3つの尺度のプロフィールパターンをとらえるうえで重要なのは，（女性の）「受動−攻撃のV」の布置（表4参照）が見られるか否かです。谷型（V字型）布置であったとしても，受動−攻撃のVのような深い谷型でなければ，解釈上それほど気にしなくてもよいでしょう。山型（逆V字型）布置はそれほど多く見られない印象があります。受動−攻撃のVの布置が見られない場合は，個々の尺度解釈に委ねることになります。

　Aさんの場合を見てみましょう。Aさんは男性ですので，神経症尺度群および精神病尺度群のプロフィールパターンを解釈します。まず神経症尺度です。全体的にかなり上昇し，かつ布置ははっきりとした谷型（V字型）ですが，第3尺度がT＝85であるため厳密には転換Vの要件を満たしません。しかし限りなく転換Vに近い布置と考えてよいでしょう。心理的葛藤を身体的愁訴に置き換えて表に出す，表現する傾向が強いことがうかがわれます。身体的症状はそれによって置かれている状況から逃れられるというような二次的利得とつながっている可能性が高いため，臨床像とあわせて十分な検討が必要です。また，すべての臨床尺度のなかで第1尺度が最も高く，次いで第3尺度が高くなっているため，後に13コード（「2点コード」／後述の⑤参照）の解釈を合わせていくことになります。さらに第2尺度もT＝77と高く，表向きは目立たないかもしれませんが，抑うつ感を抱え悲観的であることがうかがわれます。

　次に精神病尺度ですが，谷型（V字型）布置でも山型（逆V字型）布置でもなく，第6尺度のみが高くなっています。第6尺度の高さは感受性の強さや敏感さ，他者からの批判を深刻に受け取り，深読みしやすい傾向などと関連します。第7，8尺度のバランスは第7尺度のほうが高くなっており，ここでも前述の②での解釈と同様に精

神病的な問題の大きさは否定されます。

④その他の尺度を解釈する

次により細かい部分，残りの尺度を見ていきます。第4尺度と第9尺度についてはT得点の絶対値はもちろんのこと，相対値つまり臨床尺度全体のなかでどのような位置にあるかもとらえておきます。第5尺度と第0尺度は尺度の成り立ちが他の臨床尺度と異なるため，主に絶対値で見ます。

Aさんの場合を見てみましょう。第4尺度はT＝55とそれほど高くも低くもないですが，臨床尺度全体のなかではやや低めの位置にあります。自己主張的な面はあまり目立たないでしょう。これは第5尺度がT＝72と高く，男性の場合，おとなしくて敏感，内向的な傾向を反映することからも支持されます。第9尺度はT＝51と平均的な高さですが，この尺度も臨床尺度全体のなかではやや低めの位置にあります。基本的にはエネルギー水準は低くないようですが，高度に上昇した尺度と関連するような症状にエネルギーを奪われ，疲労感があるかもしれません。第0尺度はT＝58でそれほど高くなく，どちらかといえば一人のほうが気楽かもしれませんが，それほど大きな特徴は見られません。

⑤2点コードの解釈を参照する

最後に2点コードに注目します。2点コードとは，10個の臨床尺度のなかでT得点の高いものから順に尺度番号を並べたものです。たとえばAさんの基礎尺度プロフィールパターン（図1）では第1尺度がT＝96と最も高く，次いで第3尺度がT＝85と高いため，2点コードは13コードとなります。同じ要領で3番目まで並べると3点コード（Aさんの場合：132コード），4番目まで並べると4点コード（Aさんの場合：1325コード）となるわけですが，ここでは2点コードのみに言及します。また，第5尺度と第0尺度は尺度の成り立ちが他の8つの尺度と異なっているため，この2つの尺度を除

いた8尺度から2点コードを解釈するという考え方もあります。た
とえば第1尺度，第5尺度，第3尺度の順でT得点が高い場合，2点
コードは１５コードとなりますが，第5尺度を除いて１３コードと
する方法もあるわけです。その際は両方の2点コードの解釈を参照
したり，あるいは，まず13コードを解釈し，その後第5尺度の高点
の解釈を追加します。

　たとえば１３コードと３１コードには，基本的には同じ解釈が用
意されています。前述した3冊の参考文献には「13/31コード」とい
う形で記載され，それぞれの2点コードに解釈が用意されています。
臨床尺度は10個あるため2点コードは45種類あるということになり
ますが，たとえば参考文献①『MMPIによる心理査定』における12
コードと21コードのように，別々の解釈が用意されている場合もあ
ります。2点コードの解釈を採用する際の注意点としては，用意さ
れている記述はそのコードタイプの2つの尺度がT得点で70を超え
るときにより当てはまるということです。各尺度のT得点の絶対値
が低くなるほど記述内容がその被検者に当てはまる可能性は低くな
りますし，被検者のパーソナリティ特徴を記述したものとして採用
する場合にも，その表現はよりマイルドに（より軽く）する必要が
あるでしょう。参考文献①『MMPIによる心理査定』には「（T＝70
以下の）正常範囲の得点は，症状描写というよりもパーソナリティ
のスタイルを予測する」という記述があります。

　ここではスペースの関係上，本書で登場する5種類の2点コード
に限定して解説します（表5参照）。ここでもよりわかりやすくする
ために「各尺度の意味を足し算すると2点コードの意味になる」と
いう考え方に基づき，たとえば13/31コードの場合「第1尺度高＋第
3尺度高＝13/31コード」ととらえてごく簡単に解説しました。より
詳細な解釈はそう単純でない部分もありますが，ひとつの考え方と
して参考にしてください。表5で取り上げたもの以外の2点コード
の解釈については，参考文献を参照してください。

　Aさんの場合を見てみましょう。Aさんの2点コードは13コード

表5　2点コードの解説（本書に関連する2点コード5つを抜粋して解説）

2点コード	解説
13/31コード（本章Aさんの結果の2点コード）	1尺度高＋3尺度高＝身体に対することだわり・とらわれ、身体症状を利用する傾向＋転換傾向、否認や抑圧を用いやすい （まとめると……）摂食や痛みに関わる症状を抱えること・とらわれ、身体症状を利用する傾向が高いでしょう。自分自身のことを正常で責任を果たせると考えているため、心理的問題を認めない可能性が高い。他者に注目されたい、愛されたい、同情されたいという強い欲求があり、それを満たすために身体的愁訴を利用することがあります。未熟で、依存的、自己中心的であることが多いです。
37/73コード（第4章症例③の結果の2点コード）	3尺度高＋7尺度高＝転換傾向、否認や抑圧を用いやすい、認められたい＋緊張・不安が強い （まとめると……）慢性的な不快感や心身症状的愁訴と関連するコードです。不全感と関係した、解決されていない依存欲求があることを症状の根底にあることが多いと言われています。しかし抑圧を用いた心理的問題が存在することを否認しがちであり、それらの感情を他者に投影することを欠くことが推測されます。洞察を欠くことが推測されます。
67/76コード（第4章症例②の結果の2点コード）	6尺度高＋7尺度高＝妄想的思考、過敏な傾向、猜疑的傾向、不安＋緊張・不安が強い （まとめると……）不安、過敏で考え込んで腹を立てる傾向があります。他者から不当な扱いを受けたと感じて（それが本人の誤解であったとしても）、緊張したり混乱したりした経験がありそうです。劣等感や罪悪感をもっていますが、それらの感情を他者に投影します。
69/96コード（第4章症例①の結果の2点コード）	6尺度高＋9尺度高＝妄想的思考、猜疑的傾向、過敏さ＋心的エネルギー・活動水準の高さ （まとめると……）比較的稀なコードです。緊張しやすく、ちょっとしたことでも脅威が迫ったときに積極的に釈明（正当化）したいと思っているようです。情緒的関わり合いを恐れ、他者と距離を置き、愛情に対する過大な要求をもっている一方、慢性的に不信感をもつと思われる。批判に過敏で、慢性的に過敏であることもあります。
60/06コード（第4章症例①の結果の2点コード）	6尺度高＋0尺度高＝妄想的思考、猜疑的傾向、過敏さ＋社会的内向性 （まとめると……）内気で社交的な場面では落ち着かず、他者が自分を好まない、受け入れないと予想しがちです。特に批判に過敏であり、劣等感があるために、はじめから他者に拒否されると予想するようです。自分の情緒を過度に統制することが多いです（第0尺度を除いたときの2点コードの解釈も参考にするのが望ましいでしょう）。

です。参考文献①『MMPIによる心理査定』の13/31コード，132/312コードの解釈の記述を参考に，これまで行ってきた解釈や臨床像と整合性があり，仮説としてより有力だと思われるＡさんの特徴を以下に挙げます。

- 吐き気など摂食に関わる症状や痛みの症状，疲労，めまいを抱えている。
- 問題を抱えているにもかかわらず，症状のために効率が低下していても働きつづける。
- 自身のことを正常で責任を果たしうると考えているため，心理的な検査や心理療法などには抵抗が強い。
- 自身の問題について医学的検査をすることを好み，問題に関連する心理的要因を洞察することは難しい。治療者に対して自分の問題に対する明確な回答をしてもらいたいと攻撃的に主張することもある。
- 注目されたい，愛されたい，同情してほしいという強い欲求があり，それがないと不安定に感じるため，注目を得られるという二次的利得のために身体的愁訴を利用することがある。
- その他の二次的利得として，責任を果たすことや義務を回避したり，同情を引き起こすことで他者をコントロールすることが含まれる可能性がある。未熟で自己中心的，依存的，わがままである可能性がある。
- 対人関係は表面的で人を操作するようなところがある。抑圧，否認，合理化，投影といった心理的防衛を用い，問題を他者や状況のせいにするかもしれない。
- 怒りのような否定的感情を直接的に表現することは少なく，そういった感情に向き合うことを避けるか，受動攻撃的に表現しがちである。
- 異性との間に持続的・現実的な関係をつくることを求めてはいても，実現が難しいという問題を抱えている。

- 不平不満と悲観主義を伴う心気的特徴があることが推察される。
- 家族からの思いやりに不満を感じていることが推察される。
- 緊張し抑うつ的で，疲労を訴える。抑うつ感情を否認したとしても，行動は抑うつ的で因習的，従順，受動的である。

Ⅲ │ 主な指標・追加尺度は何を表しているのか？

　　MMPIには基礎尺度のほかにも，さまざまな指標や追加尺度が存在します。これらは基礎尺度の解釈をさらに充実させるために使ったり，あるいは，特定の内容を査定するためにはむしろ基礎尺度よりも役に立つと言われているものもあります。これまでこれらの指標や追加尺度を便利に使用するためには，研究版や自作のPCプログラムで採点する必要がありましたが，2015年に『MMPI新日本版採点プログラム』が公刊され，より便利になりました。このプログラムと本章を同時に使用した際に便利であるように，本章で取り上げる指標や尺度，またその順番は本プログラムに準じました。しかしこのプログラムでは取り上げられていないものの役に立つ追加尺度もあるため，それらについても解説しました。本章で取り上げる指標・追加尺度とその順番は表6に示し，『MMPI新日本版採点プログラム』で取り上げられているか否かを明記しました。本プログラムで取り上げられていない尺度については，これまで同様，研究版や自作のPCプログラムなどで採点する必要があります。プログラムや指標・追加尺度のより詳しい解説は以下を参照してください。

参考文献
④MMPI新日本版研究会 (2015) MMPI新日本版採点プログラム．三京房．
⑤Levitt, E.E. & Gotts, E.E. (1995) The Clinical Application of MMPI Special Scales. Second Edition. New Jersey : Lawrence Erlbaum Associates. (木場深志＝訳 (2012) MMPI追加尺度の臨床的応用 第2版．三京房)

表6　本章で取り上げる指標・追加尺度

指標・尺度	新日本版プログラムに採用されているものに○	指標・尺度	新日本版プログラムに採用されているものに○
主な指標		Pd-S（精神病質的偏倚，隠蔽）	○
F-K指標	○	Pd1（家庭の不和）	○
CLS（不注意尺度）	○	Pd2（権威問題）	○
AI（不安指標）	○	Pd3（社会的平静）	○
IR（内面化比率）	○	Pd4A（社会的疎外）	○
GI（ゴールドバーグ指数）	○	Pd4B（自己疎外）	○
プロフィール上昇度（ME）	○	**第6尺度の下位尺度**	
T%	○	Pa-O（パラノイア，明瞭）	○
追加尺度 **①ハリス・リングース下位尺度および** **　明瞭・隠蔽尺度**		Pa-S（パラノイア，隠蔽）	○
第2尺度の下位尺度		Pa1（被害観念）	○
D-O（抑うつ，明瞭）	○	Pa2（神経過敏）	○
D-S（抑うつ，隠蔽）	○	Pa3（無邪気）	○
D1（主観的抑うつ）	○	**第8尺度の下位尺度**	
D2（精神運動性遅延）	○	Sc1A（社会的疎外）	○
D3（身体的不調）	○	Sc1B（情緒的疎外）	○
D4（精神的沈滞）	○	Sc2A（自我統制の欠如，認知面）	○
D5（病的熟考）	○	Sc2B（自我統制の欠如，能動面）	○
第3尺度の下位尺度		Sc2C（自我統制の欠如，抑制困難）	○
Hy-O（ヒステリー，明瞭）	○	Sc3（奇異な感覚体験）	○
Hy-S（ヒステリー，隠蔽）	○	**第9尺度の下位尺度**	
Hy1（社会不安の否認）	○	Ma-O（軽躁病，明瞭）	○
Hy2（愛情欲求）	○	Ma-S（軽躁病，隠蔽）	○
Hy3（疲労・不快）	○	Ma1（道徳欠如）	○
Hy4（身体愁訴）	○	Ma2（精神運動促進）	○
Hy5（攻撃抑制）	○	Ma3（平静）	○
第4尺度の下位尺度		Ma4（自我膨張）	○
Pd-O（精神病質的偏倚，明瞭）	○		

MMPIをはじめよう！　第3章　**87**

表6　本章で取り上げる指標・追加尺度（つづき）

指標・尺度	新日本版プログラムに採用されているものに○
②代表的な追加尺度	
A（不安尺度）	○
R（抑圧尺度）	○
MAS（顕在性不安尺度）	○
Es（自我強度尺度）	○
Lb（腰痛尺度）	○
Ca（頭頂葉・前頭葉損傷尺度）	○
Dy（依存性尺度）	○
Do（支配性尺度）	○
Re（社会的責任尺度）	○
Pr（偏見尺度）	○
St（社会的地位尺度）	○
Cn（統制尺度）	○
Mt（大学不適応尺度）	○
MAC（マックアンドリュー・アルコール症尺度）	○
O-H（敵意の過剰統制尺度）	○
③ウィギンス内容尺度	
SOC（社会的不適応）	○
DEP（抑うつ）	○
FEM（女性的興味）	○
MOR（意気消沈）	○
REL（信仰上の根本主義）	○
AUT（権威葛藤）	○
PSY（精神病性）	○
ORG（器質性症状）	○
FAM（家庭問題）	○
HOS（顕在性敵意）	○
PHO（恐怖症）	○

指標・尺度	新日本版プログラムに採用されているものに○
HYP（軽躁病）	○
HEA（不健康）	○
④トライアン・スタイン・チュークラスター尺度	
TSC/I（社会的内向性）	○
TSC/B（身体症状）	○
TSC/S（猜疑心・不信感）	○
TSC/D（抑うつ・無感動）	○
TSC/R（憤慨・攻撃）	○
TSC/A（自閉性・分裂思考）	○
TSC/T（緊張・心労・恐怖）	○
⑤インディアナ論理尺度	
I-De（依存性）	○
I-Do（支配性）	○
I-DS（解離症状）	○
I-OC（強迫性）	○
I-SC（自己概念）	○
I-RD（重度現実歪曲）	○
I-SP（性的問題）	○
⑥その他の追加尺度	
Astvn（女性の自己主張尺度）	×
5C（因習性尺度）	×
E/Cy（皮肉癖尺度）	○
Ho（クック・メドレー敵意尺度）	○
S+（極端な猜疑心尺度）	○
WA（作業態度尺度）	○
Pe（小児性愛尺度）	○
Ts（自殺の徴候尺度）	○

表6 本章で取り上げる指標・追加尺度（つづき）

指標・尺度	新日本版プログラムに採用されているものに○	指標・尺度	新日本版プログラムに採用されているものに○
PK（PTSD-Keane尺度）	○	PAG-N（受動攻撃性パーソナリティ障害）	×
⑦パーソナリティ障害尺度（Morey et al.）		PAR-N（妄想性パーソナリティ障害）	×
HST（演技性パーソナリティ障害）	×	STY-N（統合失調型パーソナリティ障害）	×
NAR（自己愛性パーソナリティ障害）	×	AVD-N（回避性パーソナリティ障害）	×
BDL（境界性パーソナリティ障害）	×	SZD-N（シゾイドパーソナリティ障害）	×
ANT（反社会性パーソナリティ障害）	×	⑧パーソナリティ障害尺度（Levitt et al.）	
DEP（依存性パーソナリティ障害）	×	Ant-LG（反社会性パーソナリティ障害）	×
CPS（強迫性パーソナリティ障害）	×	Par-LG（妄想性パーソナリティ障害）	×
PAG（受動攻撃性パーソナリティ障害）	×	Nar-LG（自己愛性パーソナリティ障害）	×
PAR（妄想性パーソナリティ障害）	×	His-LG（演技性パーソナリティ障害）	×
STY（統合失調型パーソナリティ障害）	×	Bdr-LG（境界性パーソナリティ障害）	×
AVD（回避性パーソナリティ障害）	×	Pag-LG（受動攻撃性パーソナリティ障害）	×
SZD（シゾイドパーソナリティ障害）	×	Dep-LG（依存性パーソナリティ障害）	×
HST-N（演技性パーソナリティ障害）	×	Obs-LG（強迫性パーソナリティ障害）	×
NAR-N（自己愛性パーソナリティ障害）	×	Avd-LG（回避性パーソナリティ障害）	×
BDL-N（境界性パーソナリティ障害）	×	Sty-LG（失調型パーソナリティ障害）	×
ANT-N（反社会性パーソナリティ障害）	×	StyC-LG（失調型パーソナリティ障害コア）	×
DEP-N（依存性パーソナリティ障害）	×	SzdC-LG（シゾイドパーソナリティ障害コア）	×
CPS-N（強迫性パーソナリティ障害）	×		

ここからは参考文献⑤『MMPI追加尺度の臨床的応用 第2版』を参照しつつ，それぞれの指標・追加尺度について解説していきます。さらに基礎尺度同様，事例のAさんの結果について解釈していきますが，その際，追加尺度についてもプロフィールパターンを作成しています。従来，追加尺度についてプロフィールパターンが必ず作成されていたわけではありませんが，追加尺度についても視覚的に理解することは有用です。参考文献④『MMPI新日本版採点プログラム』でも，2つの追加尺度群についてプロフィールパターンが表示されるようになっています。

① 主な指標

　主な指標の解説とAさんの結果を表7に示します。参考文献⑤『MMPI追加尺度の臨床的応用 第2版』には妥当性に関する指標としてF-K指標，CLS（不注意尺度），プロフィール上昇度（ME）について記述があります。そこではF-K指標は「臨床的にあまり有用でない」，CLS（不注意尺度）およびプロフィール上昇度（ME）は「有用」という評価となっているため，解釈の参考にしてください。

　Aさんの結果を見てみましょう。問題となる，あるいは注目すべき指標として取り上げることが可能なのは，AI（不安指標）とIR（内面化比率）でしょう。AI（不安指標）は低めでIR（内面化比率）は高めとなっています。「内面化」が何を意味するのかとも関係してきますが，「不安をそのまま表に出さない傾向」と考えると，Aさんは不安を不安として感じて表に出すということはあまりしないようだと解釈できます。

② ハリス・リングース下位尺度および明瞭・隠蔽尺度

　ハリス・リングース下位尺度はもともと，各臨床尺度が目立った上昇を示したときにその原因を決定することをねらいとして作成されました。各尺度の解説とAさんの結果を表8に示します。参考文献⑤『MMPI追加尺度の臨床的応用 第2版』にはこの尺度群の臨床

表7　主な指標

指　標	解　説	Aさんの結果
F-K指標	偽装指標とも呼ばれ，つらさを誇張して訴えている可能性，自分をネガティブにとらえている，状態が不安定であることなどを表します。F（粗点）－K（粗点）で算出し，＋10以上が問題となります（臨床的にあまり有用でないという意見もあります）。	-10
CLS（不注意尺度）	不注意，検査態度，妥当性とも関係します。細かいところを非常に気にする場合にも高くなります。4以上が問題となります。	2
AI（不安指標）	不安感が強いと高くなります。50が平均で，高くなるほど不安が強くなります。	49
IR（内面化比率）	不安を内在化する（表に出さない）傾向を示します。1.00が平均で，高くなるほど不安を内在化する傾向があります。	1.24
GI（ゴールドバーグ指数）	病態水準を示します。理論的平均は50で，高いほど病態が重い（より精神病的）とされます。	41
プロフィール上昇度（ME）	全体的な適応レベルや病態水準の指標となります。状態を悪く見せようとした場合にも高くなります。K修正後のプロフィールでは75を超える場合に問題となります。	68.1
T%	高いほど，「ノー」と言えない傾向，受身的傾向を，低いと否認傾向を表します。平均は40くらいと言われています。	38

的評価についてまとめられていますが，いくつかの尺度について「臨床的有用性不可」の評価となっており，それについても表8に示しています。数多くの追加尺度があるなかで，結果を解釈に採用する際に優先順位を付ける必要もあると思いますので，その際の参考にしてください。

　下位尺度のまとまりごとにAさんの結果を見ていきましょう。まず，第2尺度の下位尺度です（図2：プロフィールパターン）。D-OがD-Sよりも高く，抑うつ感を強く感じているようです。Aさんの場合，妥当尺度の布置などから症状の誇張がある可能性は低いでしょ

表8　ハリス・リンゲース下位尺度および明瞭・隠蔽尺度（図2～7と連動）

尺度	解説　関連する尺度を（ ）内に示す	参考書籍⑤で有用性不可と評価されたもの	Aさんの結果
第2尺度の下位尺度			
D-O（抑うつ、明瞭）	明瞭尺度は明瞭項目（精神病理をはっきりと記述しており回答の意味が被検者に明らかな項目）から構成されており、隠蔽尺度は隠蔽項目（精神病理をはっきりと記述しておらず回答の意味が被検者にわかりにくい項目）から構成されています。 精神病理の誇張は被検者はほとんどの場合、明瞭項目を認めることでなされるため、当該臨床尺度に関連する特徴について、より自覚している・そう見せている・装っている・そう思い込んでいるなどの場合に隠蔽尺度よりも明瞭尺度が高くなります。検査上症状を控えるものに報告している場合は、逆に隠蔽尺度のほうが高くなると言われています。	○	79
D-S（抑うつ、隠蔽）	D-Sの解釈：D-OのほかにDEP・TSC/D（すべて明瞭項目で構成されている）とも対応させて解釈すると有用です。D-Sは特性抑うつの測度として有用で、抑うつ気分をほとんど感じていなくても生きることは試練であると思っていると高くなります。物事がうまくいっていないわけでなくてもハイな気分になることはほとんどないなど、やや不機嫌でいらだちやすい傾向があります。T=60くらいの人はDEP・TSC/Dが中程度となることが多く、気分変調と診断されることが多いです。		49
D1（主観的抑うつ）	主観的に抑うつ感が強いと高くなります。		72
D2（精神運動性遅延）	活力がなく、閉じこもる傾向が強いと高くなります。他の抑うつの指標が高得点でこの尺度が低い場合は「抑うつ感は強いがエネルギーはある」という解釈になります。自殺の可能性を示唆します。		47
D3（身体的不調）	身体的な不調感が強いと高くなります。		87
D4（精神的沈帯）	認知的な機能（考えたり決定したりすること）や集中、記憶に不満足・不満感が強く高くなります（類似尺度：Sc2A。ただしSc2Aの高得点のほうが重篤な傾向があります）。		69
D5（病的熟考）	些細なことにも思い悩む傾向が強いと高くなります。	○	68

尺度	解説 関連する尺度を（　）内に示す	参考書籍⑤で有用性不可と評価されたもの	Aさんの結果
第3尺度の下位尺度			
Hy-O（ヒステリー、明瞭）	明瞭尺度は明瞭項目（精神病理をはっきりと記述しており回答の意味が被検者に明らかな項目）から構成されており、隠蔽尺度は隠蔽項目（精神病理をはっきりと記述しておらず回答の意味が被検者にわかりにくい項目）から構成されています。		82
Hy-S（ヒステリー、隠蔽）	精神病理の誇張はほとんどの場合、明瞭項目を認めることでなされるため、当該臨床尺度に関連する特徴について、より自覚している・そう見せている・装っている・そう思い込んでいるなどの場合に隠蔽尺度よりも明瞭尺度が高くなります。逆に隠蔽尺度のほうが高くなる場合は、検査上症状を控えめに報告している場合は、逆に隠蔽尺度を反映していることがあります。	○	58
Hy1（社会不安の否認）	社会的な場面で気楽でつらいでいられると低く、気楽にいられず不安が強いと高くなります。ただし70を超える場合は否認を反映していることがあります（類似尺度：Pd3, Ma3）。		53
Hy2（愛情欲求）	愛情欲求が強く、他者から好意的な注目を得ようとする傾向が強いと高くなります。社会的に楽天的な態度を取ることと関連します（関連尺度：5C, Pa3。それぞれと正の相関がある）。		52
Hy3（疲労・不快）	精神的・身体的な疲労感・不全感が強く、注目と激励を必要としていると高くなります。		82
Hy4（身体愁訴）	感情の転換や身体的愁訴の起因となると高くなります。		81
Hy5（攻撃抑制）	敵意や攻撃衝動があってもそれを認めず、他者に合わせる傾向が強いと高くなります。	○	55
第4尺度の下位尺度			
Pd-O（精神病質的偏倚、明瞭）	明瞭尺度は明瞭項目（精神病理をはっきりと記述しており回答の意味が被検者に明らかな項目）から構成されており、隠蔽尺度は隠蔽項目（精神病理をはっきりと記述しておらず回答の意味が被検者にわかりにくい項目）から構成されています。	○	49
Pd-S（精神病質的偏倚、隠蔽）	精神病理の誇張はほとんどの場合、明瞭項目を認めることでなされるため、当該臨床尺度に関連する特徴について、より自覚している・そう見せている・装っている・そう思い込んでいるなどの場合に隠蔽尺度よりも明瞭尺度が高くなります。逆に隠蔽尺度のほうが高くなる場合は、検査上症状を控えめに報告している場合は、逆に隠蔽尺度を反映していることがあります。	○	61

MMPIをはじめよう！　第3章

表8 ハリス・リンゲース下位尺度および明瞭・隠蔽尺度（図2～7と連動）（つづき）

尺度	解説 関連する尺度を（ ）内に示す	参考書籍⑤で有用性不可と評価されたもの	Aさんの結果
Pd1（家庭の不和）	家庭内に不満（ストレスが多い、サポートが少ないなど）をもっていると高くなります。		51
Pd2（権威問題）	反抗的で責任を伴うような規範を受け入れない傾向が強いと高くなります。自分の怒りの感情に気づいていないこととも関連します。		43
Pd3（社会的平静）	社会的な場面で気楽でつらいている人らになると高くなり、気楽にいられず不安が強いと低くなります。ただし70を超える場合は否認を反映していることがあります（類似尺度：Hy1, Ma3）。		49
Pd4A（社会的疎外）	社会的な疎外感（他者から孤立している感じ）が高いと高くなります。他者に誤解されていると、つけ込まれていると感じる傾向が強く、他罰的な傾向とも関連します。Pd1も同時に高くなることが多く、社会的支持がみられないこととも関連します（類似尺度：Sc1A／とも）に上下する）。		53
Pd4B（自己疎外）	抑うつに関係した項目で構成されており、環境ではなく、受け入れられない感じが強くなります。内面的な疎外感（自分自身を認められない・受け入れられない感じ）が強いと高くなります（類似尺度：Sc1B）。		58
第6尺度の下位尺度			
Pa-O（パラノイア、明瞭）	明瞭尺度は明瞭項目（精神病理をはっきりと記述しており、隠蔽尺度は隠蔽項目（精神病理をはっきりと記述しておらず回答の意味が被検者に明らかな項目）から構成されています。	○	61
Pa-S（パラノイア、隠蔽）	回答の意味が被検者にわかりにくい場合、明瞭項目を認めることなどの場合、より自覚している・そう見せている・装っている・そう思い込んでいるなどに隠蔽尺度が高く、明瞭尺度よりも明瞭尺度のほうが高くなる場合、逆に隠蔽尺度が高くなるため、当該臨床尺度に関連する特徴について、検査上症状を控えるために報告している傾向が強いと言われています。	○	68
Pa1（被害観念）	被害的な考え方をする傾向、問題を他者のせいにする傾向が強いと高くなります。		52

94

尺度	解説 関連する尺度を（ ）内に示す	参考書籍⑤で有用性不可と評価されたもの	Aさんの結果
Pa2（神経過敏）	自分は過敏で情緒的に傷つきやすいと感じていると高くなります。		62
Pa3（無邪気）	道徳的であろうとする傾向が強くなることが多く、人間を一般的に良いもの（親切、正直など）としてみている傾向にあることが多く、純朴で他者を簡単に信じすぎるような傾向と関連します（関連尺度：5C、Hy2/それぞれと正の相関がある）。		66
第8尺度の下位尺度			
Sc1A （社会的疎外）	社会的な疎外感（他者から孤立していると感じ）が高いと高くなります。他者に誤解されていると、つけ込まれていると感じる傾向が強く、他罰的な傾向とも関連します。Pd1も同時に高くなることが多く、社会的支持が少ないこととも関連します（類似尺度：Pd4A/ともに上下する）。		45
Sc1B （情緒的疎外）	抑うつに関連した項目で構成されており、環境ではなく自己についての不満が強いです。自分自身を認められない・受け入れられない感じが強いと高くなります。内面的な疎外感（自分自身を認める）が少ない（類似尺度：Pd4B）。		44
Sc2A（自我統制の欠如、認知面）	認知的な機能（考えたり決定したりすること）やや集中、記憶に不調和・不満が強いと高くなります。ただし単にうまく働いていないというわけではなく、脅威を感じているほど不調子がおかしいと感じていることが多いです（類似尺度：D4/ただしSc2Aの高得点のほうが重篤な傾向があります）。		54
Sc2B（自我統制の欠如、能動面）	情緒的に混乱しているために建設的に行動する動機づけを欠いていると高くなります（関連尺度：D4、Sc2A/これらの尺度で表される障害の結果、高くなることが多い。他にWAとも関連、ともに上下する）。		46
Sc2C（自我統制の欠如、抑制困難）	特に衝動の統制の面で、自分をコントロールできない感じが強いと高くなります。自らの感情や衝動に違和感を感じています。	○	49
Sc3（奇異な感覚体験）	身体感覚に違和感を感じていると高くなります。離人感や疎外感が強いです。		66

表8　ハリス・リンゲース下位尺度および明瞭・隠蔽尺度（図2〜7と連動）（つづき）

尺　度	解説 関連する尺度を（　）内に示す	参考書籍⑤で有用性不可と評価されたもの	Aさんの結果
第9尺度の下位尺度			
Ma-O （軽躁病，明瞭）	明瞭尺度は明瞭項目（精神病理項目）から構成されており回答病理は隠蔽尺度は隠蔽項目（精神病理のわかりにくい項目）から構成されています。回答の意味が被検者にわかりにくい場合、明瞭項目を認めるため、当該臨床尺度に関連する特徴はほとんどの場合、より自覚している・そう見せている・そう思い込んでいるなどの場合に隠蔽尺度よりも明瞭尺度のほうが高くなると言われています。逆に隠蔽尺度の場合は、検査上症状を控えめに報告していると言われています。	○	53
Ma-S （軽躁病，隠蔽）	精神病理の誇張は被検者に明らかな回答の意味が被検者に明らかと記述しており回答病理（精神病理は隠蔽尺度ははっきりと記述しておらず構成されています。	○	48
Ma1 （道徳欠如）	利己的で皮肉屋の傾向があり、人生を勝ち負けで考えがちで考えると高くなります。さらに他者も自分と同じことを考えていると考えていることが多いです。過ちを認めない傾向が強いかもしれませんが、あからさまに法を犯すには至らないと言われています。		47
Ma2 （精神運動促進）	刺激欲求の高さを測る尺度です。多彩で複雑な刺激への欲求が強く、そういった経験を求めて危険を冒そうとする傾向が強いと高くなります。不安定で衝動的に行動する傾向と関連します。		54
Ma3 （平静）	社会的な場面で気楽でくつろいでいられると高くなり、気楽にいられず不安が強いと低くなります。ただし70を超える場合は否認を反映していることがあります（類似尺度：Hy1, Pd3）。		37
Ma4 （自我膨張）	自分自身について過大な、現実離れした評価をする傾向が強く、他者からの批判などに動揺しやすいと高くなります。	○	53

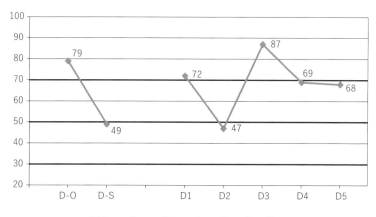

図2　Aさんの第2尺度・下位尺度の結果

う。D1およびD3が高くD2がやや低めの布置となっており，これは抑うつ感や身体的な不調感は強いが閉じこもらず，活動性はあまり落ちないことを表すため，自殺や行動化が起こりやすいことを示唆します。この点は，この後，他の追加尺度を解釈していくうえで注意して見ていく必要があるでしょう。考えたり決断したりすること，集中や記憶力においても問題を感じているようです。

　次に第3尺度の下位尺度です（図3：プロフィールパターン）。第3尺度においてもHy-OがHy-Sよりも高くなっています。またHy3，Hy4の高さが目立ち，精神的・身体的な疲労感・不全感が強く注目を必要としていること，感情の抑圧が身体的愁訴と関連していることが推測されます。状況への不適応が身体の症状と関連しているようです。Hy1および類似尺度であるPd3，Ma3は共にそれほど高くないか低い値で，社会的な場面ではそれほど気楽ではないようです。ただAさんの抑うつ感の強さを考えると，Hy1とPd3は思ったより低くない（不安があまり強くない）ようにも感じます。一般的に，抑うつ感が強いとこれらの尺度はより低くなることが多い印象があるからです。Hy2はそれほど高くありませんが，類似尺度の5C，Pa3

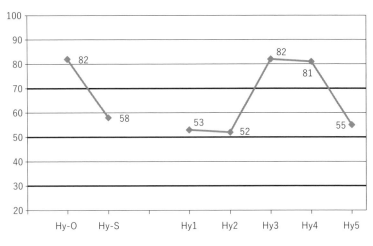

図3　Aさんの第3尺度・下位尺度の結果

はいずれもやや高く，純朴で，道徳的であろうとする傾向が強いようです。この点は妥当性尺度のL尺度の高さからも支持されます。

次に第4尺度の下位尺度です（図4：プロフィールパターン）。第4尺度においてはPd-SがPd-Oよりも高くなっており，怒りや我の強さといった第4尺度に関連する特徴についてはより自覚されていないかもしれません。下位尺度のなかでやや高かったのはPd4Bで，これは自分についての不満と関連し，第2尺度の下位尺度などから得られた結果と整合性があります。つまりAさんは自身の抑うつ感や身体的不調に関連して自分自身について不満をもっており「この自分を認められない，受け入れられない」と感じている部分があるようです（一方，類似尺度であるSc1Bのほうは高くなっていません）。2点コードからは家族への不満が示唆されていましたが，Pd1は高くなく，ここでは異なる結果となっています。Pd3についてはHy1と共に解釈しました（前述の通り）。

次に第6尺度の下位尺度です（図5：プロフィールパターン）。第6尺度においてもPa-SがPa-Oよりも高くなっており，物事を深読み

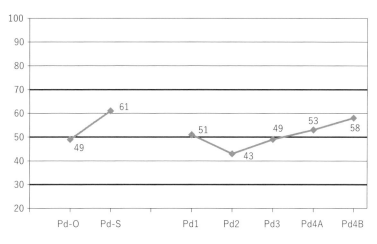

図4　Aさんの第4尺度・下位尺度の結果

する傾向，感受性の強さといった第6尺度に関連する特徴についてはあまり自覚されていないかもしれません。下位尺度のなかで高かったのはPa2，Pa3で第6尺度の高さは被害的な傾向よりも，純朴で人を信用する傾向が強いことや，敏感で傷つきやすいことなどと関連していることが推測されます（Pa3についてはHy2のところでも触れました）。

　次に第8尺度の下位尺度です（図6：プロフィールパターン）。軒並み高くない値のなかでSc3だけがやや高くなっており，やはり身体の感じへの違和感は強いようです。

　次に第9尺度の下位尺度です（図7：プロフィールパターン）。ここでも値は軒並み高くなく，むしろMa3の低さが目立ちます。Ma3についてはHy1のところでも触れましたが，Ma3はAさんが社会的な場面で気楽にいられず，不安が強いことを示唆しています。

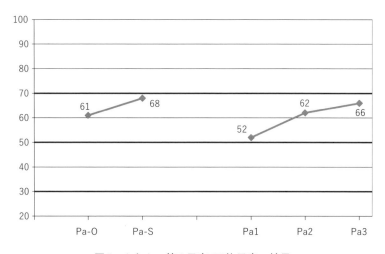

図5　Aさんの第6尺度・下位尺度の結果

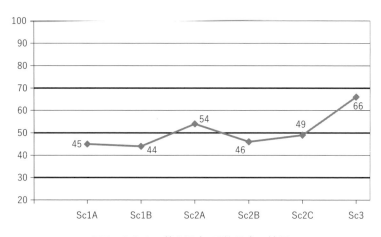

図6　Aさんの第8尺度・下位尺度の結果

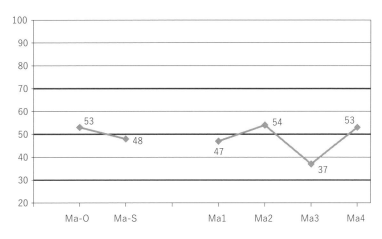

図7　Aさんの第9尺度・下位尺度の結果

③ 代表的な追加尺度

　代表的な追加尺度の解説とAさんの結果を表9に示します。Aさんの結果を見ていきましょう（図8：プロフィールパターン）。AとRはバランスで見ることが多いのですが，これまでと同様，抑圧・否認傾向がうかがわれます。Esが低いことからも問題に適切に対処して好ましく変化することはやや難しい面がありそうです。MASは高く不安や緊張にとらわれやすいこと，そしてLbおよびCaの高さからは，心理的な問題が身体的な症状および精神症状の両方に関連して表れることが推測されます。Dy, Doのバランスはやや依存的・受け身的な傾向を示唆していますが，より意識的側面を反映するといわれるI-De, I-Doのバランスにおいては，依存欲求・支配欲求について目立ったところは見られません。ほかに，進んで責任を取り義務感があること（Reの高さ），他者を信用しない傾向は強くないこと（Prの低さ），適応状態が悪いこと（Mtの高さ）が推測されます。

表9 代表的な追加尺度（図8と連動）

尺　度	解　　説	Aさんの結果
A （不安尺度）	不安で自信がなく，それを認めていると高くなります。不安以外の心理的不適応についての黙従傾向を測っていると思われること，抑うつに関する項目のほうが多いことから不安の査定のためには臨床的に有用でないという意見もあります。下のRと組み合わせて（それぞれを低・中・高に分類し，たとえば「高A・中R」などの組み合わせで）解釈します（詳しくは参考文献①を参照／低：T=45以下，中：T=46〜54，高：T=55以上）。	54
R （抑圧尺度）	上のAと組み合わせて解釈します。 高いほど抑圧・否認傾向にあります。自分の問題を認めにくいです。	65
MAS （顕在性 不安尺度）	高いほど不安や緊張にとらわれやすいです。身体症状に関する項目が多く，不安の査定のためには臨床的に有用でないという意見もあります。むしろ身体化傾向があると上昇しやすいようです。	74
Es （自我強度 尺度）	そもそもMMPIが「症状が存在する／しないということ」を測定しているものである以上，「自我強度」を測定することは困難であるという理由から，臨床的に使用不可であるという議論が多い尺度です。むしろ「自我の弱さ」を測っている尺度だという意見もあります。つまり，自我に明らかな欠陥，弱さがない場合に高くなる（T=55以上）というものです。低い場合（T=45未満）は問題に対処する能力に乏しく，好ましく変化しにくい可能性を示します。この内容はK尺度と関連しますが，2つの尺度間にT得点で10以上の差がある場合には注意が必要です。特にKが中程度に高くてもEsが低い場合は，かなり不安定なレベルで機能していることを示します。	35
Lb （腰痛尺度）	腰痛をはじめとする身体の不調を訴える傾向が強いと高くなります。その身体症状には心理的な問題が関係しています。下のCaとのバランスで，身体症状に表わしやすいか，精神症状に表わしやすいかを示唆します。	63
Ca（頭頂葉・前 頭葉損傷尺度）	不安感・抑うつ感が強く自信がないと高くなります。上のLbとのバランスで，身体症状に表わしやすいか，精神症状に表わしやすいかを示唆します。	66
Dy （依存性尺度）	高いほど依存欲求が強く受身的です。下のDoとのバランスで，依存的・受身的なのか自立的・行動的なのかを表わします。	60

表9 代表的な追加尺度（図8と連動）（つづき）

尺　度	解　説	Aさんの結果
Do（支配性尺度）	高いほど自立的で行動的な傾向を示します。問題に対処する能力に自信があります。上のDyとのバランスで，依存的・受身的なのか自立的・行動的なのかを表わします。	55
Re（社会的責任尺度）	進んで責任を取り義務感があると高くなります。	68
Pr（偏見尺度）	偏見が強く他人を信用しない傾向が強いと高くなります。自分の考えを曲げないところがあります。	46
St（社会的地位尺度）	高いと，社会的地位が高い人に特徴的な価値観をもっています。低いと，社会的地位が低い人に特徴的な価値観をもっています（ただし，日本の文化においてはややわかりにくい尺度とされる）。	51
Cn（統制尺度）	比較的軽微な行動上の問題を許容する傾向があると高くなります。低得点の場合は入院の必要性が高くなりますが，T=65を超えて高い場合は外来のほうがよい可能性があります。ただし，高得点の人のなかには「悪く見せかける」検査態度の人が含まれる可能性があるため注意が必要です。	51
Mt（大学不適応尺度）	適応状態が悪いと高くなります。	66
MAC（マックアンドリュー・アルコール症尺度）	アルコール問題や，その他アディクションの問題を抱えやすいと高くなります。衝動的な傾向が示唆されます。乱用がまだ始まっていないかすでに問題が片づいているかで静止段階にある人を含めて，物質乱用者一般を識別すると言われます。男性では粗点28点，女性では粗点25点（女性では男性よりも低い得点となると言われている）が妥当な分割点と言われていますが，それよりも低い得点を取る依存症の例もあるため注意が必要です。	35（粗点は16）
O-H（敵意の過剰統制尺度）	暴力的な者のなかでも統制過剰の者の敵意を測るために作られた尺度です。強い攻撃衝動とその表出に対する強い抑制との葛藤が強い場合に高くなります。敵意的感情を否認・否定します（関連尺度：O-Hが高いと，HOSなどの敵意や攻撃性に関する他の尺度は低いことが多い）。	52

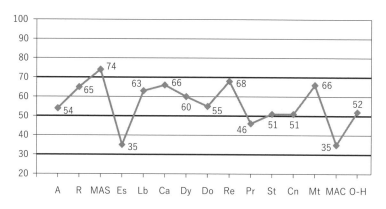

図8　Aさんの代表的な追加尺度の結果

④　ウィギンス内容尺度

　この尺度群は注目度が高く有用性も高評価で「優秀な」追加尺度と言えます。女性の被検者でFEM（女性的興味）が低い場合を除けば，低得点には意味はないと言われています。各尺度の解説とAさんの結果を表10に示します。被検者により意識されやすい側面を反映する尺度です。

　Aさんの結果を見ていきましょう（図9：プロフィールパターン）。目立って高いのはHEA，ORGですが，これはAさんが抱えている症状やこれまでの解釈に鑑みて納得のいく結果です。身体的な不調感が強く，健康について強い心配を抱えています。MORがやや高めであり，自信がなく他者の反応に敏感で，影響を受けやすいところが少しありそうです。関連尺度であるI-SCもやや高くなっていることを考えると，K尺度の高さはもう少し低く見積もって解釈したほうがよいかもしれません。MORのその他の関連尺度であるSOC，DEPはそれほど高くなく，これまでの解釈に鑑みるとやや低いようにも思われます。ウィギンス内容尺度はより意識的な側面を反映すると言われることから，社会的な不適応感，抑うつ感は"それそのものとして"意識されにくい面があるのかもしれません。D-OやD1

表10　ウィギンス内容尺度（図9と連動）

尺　度	解　説 関連する尺度を（　）内に示す	Aさんの結果
SOC （社会的 不適応）	社会的に内気で控えめであり，社会的技能が不足し，社会的場面で不快感を感じる傾向が強いと高くなります。結果として抑制的な傾向，社会的孤立とも関連します。高得点者では自殺念慮はあまりないと言われています（関連尺度：DEP，MOR／重なる部分が多い）。	56
DEP （抑うつ）	罪悪感，心配・不安，喜びの低下，意欲の低下，自己評価の低さといった特徴が見られ，いわゆる抑うつ的であると高くなります。ただし，援助を求めて誇張している場合にも高くなるため注意が必要です（関連尺度：SOC，MOR／重なる部分が多い。D-Sと対応させると有用。D-Sの解説参照）。	55
FEM （女性的興味）	伝統的に女性的とされてきた活動を好み，男性的とされてきた活動を嫌う場合に高くなります。注意点として，様々な多くのことを好む場合にも高くなること，女性的ではあるが社会的にも望ましい方向の興味（たとえば芸術など）が強い場合にも高くなること，おそらく性的な好みの面では解釈できないことが挙げられます。女性で非常に高い場合には自己主張が過剰なことと関連します。	56
MOR （意気消沈）	自己イメージの指標で自己尊重の程度を測っていると言われています。自分の能力に全般的に自信がなく，他者の反応に敏感でそれに影響を受けやすいと高くなります（関連尺度：SOC，DEP／重なる部分が多い。他の抑うつの指標とも関連。さらにI-SCとも関連）。	60
REL （信仰上の 根本主義）	強い宗教的信念と宗教的に動機づけられた行動と関連します。信心深くても高くなりますが，頑なな傾向とも関連するため，高い場合には対人関係における問題を抱えていたり，あるいは思考障害が存在する場合もあります。	51
AUT （権威葛藤）	倫理や誠実といった原則を無視し，反社会的行動のマイナスの面を過小評価する傾向が強いと高くなります。過剰な自己主張や他者を操るような対人関係，身内の人間との葛藤と関連します。T=70を超えると他者を信用しない傾向がより強くなります。	33
PSY （精神病性）	幻覚や思考障害など，妄想に関係するような典型的な精神病的症状を多く認めていると高くなります。ただし，疎外感の諸尺度との重なりが大きいため，精神病でなくても反社会的傾向が強い場合に高くなります。	54

MMPIをはじめよう！　第3章

表10　ウィギンス内容尺度（図9と連動）（つづき）

尺　度	解　説 関連する尺度を（ ）内に示す	Aさんの結果
ORG （器質性症状）	さまざまな感覚的，運動的，身体的な不調感・不快感が強く，日常のことがうまくできないと感じていると高くなります。この尺度の高さに反映される身体症状は器質的なものである場合もあり，そうでない場合（たとえば解離など）もあり，尺度自体からは区別できません。	66
FAM （家庭問題）	愛情不足や批判的であるなど，家族との関係に問題を感じていると高くなります。生まれ育った家庭よりは現在の家庭，家族についての感じ方を表していると言われています。	44
HOS （顕在性敵意）	感じている怒りの指標です。対人場面で怒りっぽい，不機嫌，競争的などの傾向が強いと高くなります。適応上の問題とも関連することがあります。	58
PHO （恐怖症）	さまざまな恐怖を認めており，不安・心配性でびくびくしていると高くなります。何らかの恐怖症を抱えている人でも高くなりますが，恐怖症でない人でも高めになることがあります。抑うつや引きこもりとも関連することがあります。	50
HYP （軽躁病）	興奮，幸福，落ち着きのなさ，緊張といった特徴と関連して高くなります。エネルギー水準が高く，せっかちで興味の幅が広いこととも関連します。T=70を超えると，いらだちやすさや情緒不安定などの精神的テンポの速さを示し，未熟，多動，動揺のしやすさといった特徴が見られることもあります。自分の目的を達成するために他者を操る傾向が見られることもあります。	49
HEA （不健康）	健康について強い心配をもっていると高くなります。特に消化器系の症状の訴えがあることが多いのですが，心臓や肺に関する訴えがあることもあります。	88

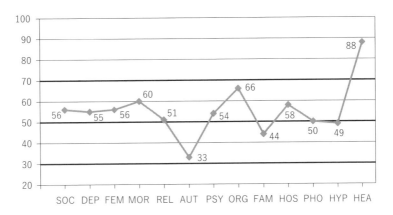

図9 Aさんのウィギンス内容尺度の結果

は高い値であったことを考えると興味深い結果です。FAMは低く，ここでも家族問題は否定されました。

5 トライアン・スタイン・チュークラスター尺度

　トライアン・スタイン・チュークラスター尺度の解説と，Aさんの結果を表11に示します。参考文献⑤『MMPI追加尺度の臨床的応用 第2版』ではTSC/A（自閉性・分裂思考）は臨床的に有用でないとされています。

　Aさんの結果を見ていきましょう（図10：プロフィールパターン）。TSC/Bが際立って高く，ここでも身体症状，健康への心配の強さが表れています。そのほか，不安・緊張の強さ（TSC/Tの高さ），社会的場面であまり気楽にできないこと（TSC/I），抑うつ傾向がやや強いこと（TSC/D）が推測されます。これまで見てきた各追加尺度の結果をあわせて考えると，これらの点（不安・緊張，社会的内向性，抑うつ傾向）についてはそれぞれの追加尺度によって結果にややばらつきがあるように感じます。しかし，これこそがAさんの特徴と言えるかもしれません。つまり同じような内容を測っていても，

表11　トライアン・スタイン・チュークラスター尺度（図10と連動）

尺　度	解　説	Aさんの結果
TSC/I （社会的 内向性）	内気で社会的場面で気楽にできず，特に対人場面などでストレスに直面すると引きこもる傾向が強いと高くなります。	60
TSC/B （身体症状）	身体的健康について心配していると高くなります。痛みや胃腸症状など通常不安や抑うつと関連していることが多いと言われるさまざまな身体症状の訴えと関連します。	97
TSC/S（猜疑 心・不信感）	冷笑的で他者の誠実さや親切さを疑う傾向が強いと高くなります。反社会的な傾向はあるかもしれませんが，必ずしも古典的な意味のパラノイドではありません。純粋で他者の影響を受けやすい場合には低くなります。	41
TSC/D （抑うつ・ 無感動）	思い悩み，緊張し，エネルギーに欠け，自信がなく罪悪感を持っているなど，いわゆる抑うつ的な傾向が強いと高くなります（D-Sと対応させると有用。D-Sの解説参照）。	59
TSC/R （憤慨・攻撃）	敵意を未熟なパターンで表出しやすいと高くなります。人につけ込まれていると感じ，いらだちやすく怒りっぽい傾向と関連します。	53
TSC/A（自閉 性・分裂思考）	普通ではない自閉的な考え方をする傾向が強いと高くなります（臨床的に使用不可との意見もある）。	58
TSC/T（緊張・ 心労・恐怖）	不安をもちやすく，いつも心配しており緊張しやすいと高くなります。	67

　各追加尺度がとらえる側面によって（たとえば，より意識的な側面とそうでない側面など）結果に違いが出ているのかもしれません。結果を全体的にまとめる際，さらにAさんにフィードバックする際には，この点に留意する必要がありそうです。

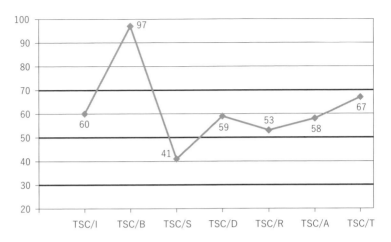

図10 Aさんのトライアン・スタイン・チュークラスター尺度の結果

6 インディアナ論理尺度

　この尺度群は被検者により意識されやすい側面を反映します。各尺度の解説とAさんの結果を表12に示します。Aさんの結果を見ていきましょう（図11：プロフィールパターン）。全体的にそれほど高い値にはなっていません。I-SCがやや高めですが、この尺度はMORと関連するため納得のいく結果です（MORの部分を参照）。I-De, I-Doのバランスは、Dy・Doのところでも触れたように目立った特徴はありません。

表12　インディアナ論理尺度（図11と連動）

尺　度	解　説 関連する尺度を（　）内に示す	Aさんの結果
I-De （依存性）	依存性の測度ですが，I-Doと併せて解釈すると有用です（I-Do参照）。	41
I-Do （支配性）	強く自分を主張する，自分が他者の意見に左右されないと感じている，率直にものを言う，自信がある，といった傾向が強いと高くなります。I-Deとあわせて解釈すると有用です。 ＊I-Deが低くてもT=50（かそれ以上），I-DoがT=40未満の場合，依存的な傾向（依存欲求）が強いです。特に男性の場合，受動的，服従的で他者に左右されやすい傾向が目立ちます。 ＊I-Doが低くてもT=50（かそれ以上），I-DeがT=40未満の場合，他者を支配したいという欲求が強いです。必ずしも支配的であるとは限らず，あくまでも"欲求"を測っています。 ＊どちらでもなければ，依存欲求・支配欲求について目立ったところはないと解釈されます。	39
I-DS （解離症状）	解離的な症状の存在を認めていると高くなります。ヒステリー性パーソナリティではT=60くらいになり，T=70以上の場合は（I-RDが同時に上昇している場合を除けば）重篤な解離性障害が疑われます（I-RDが同時に上昇している場合でも解離症状は精神病症状の一部となっている）。	44
I-OC （強迫性）	強迫的な症状を認めていると高くなります。高得点の場合は，神経症の場合であれ精神病性障害の一側面としてであれ，重篤な強迫性障害が疑われます。強迫的な性格特性（パーソナリティ障害を含む）ではめったに高くならないと言われています。	54
I-SC （自己概念）	否定的な自己概念をもっていると高くなります。自己尊重が低く，能力に自信がなく，自分をネガティブに捉える傾向が強いです（関連尺度：MOR／I-SCは否定的な自己概念の直接的測度であり，MORと相関がある）。	56
I-RD （重度現実 歪曲）	精神病の指標としては最も信頼性が高い尺度と言われています。妄想や幻覚が存在し，精神病である可能性が高いと高くなります（関連尺度：I-DSを参照）。	44
I-SP （性的問題）	性的な問題を感じており，多様な性的機能不全のいずれかが疑われます。ただし，性嗜好異常や性的偏倚（かたより）の診断には有用でないとも言われています（関連尺度：Pe）。	45

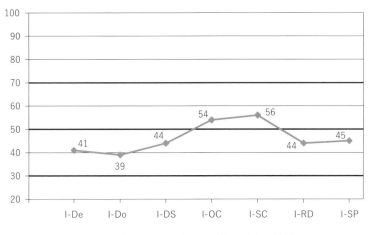

図11　Aさんのインディアナ論理尺度の結果

7　その他の追加尺度

　その他の追加尺度の解説とAさんの結果を表13に示します。このうちMMPI新日本版採点プログラムに採用されていない尺度，Astvn（Ohlson & Wilson, 1974）と5C（Pepper & Strong, 1958）の詳しい出典については章末の参考文献を参照してください。なお，参考文献⑤『MMPI追加尺度の臨床的応用 第2版』にも解説があります。

　ではAさんの結果を見ていきましょう（図12：プロフィールパターン）。5Cの高さが目立ちますが，この点はHy2のところで触れました。純朴で道徳的であろうとする傾向はAさんの明確な特徴です。そのほかTsとPKがやや高めであることは気になる点です。現時点で自殺のリスクが非常に高いとは言えませんが，D1，D2，D3のバランスもこの点を示唆していたため，治療上留意するに越したことはないでしょう。また過去に何らかのトラウマティックな体験がなかったかについて，一度Aさんと話し合ってみる必要がありそうです。

表13　その他の追加尺度（図12と連動）

尺　度	解　説 関連する尺度を（　）内に示す	Aさんの結果
Astvn （女性の 自己主張尺度）	もともとは女性用の尺度で，攻撃性とは関連せず，他に害を及ぼさない行動としての自己主張性と関連します。この意味で自己主張的で男性的な傾向が強いと高くなります。	46
5C （因習性尺度）	正直，公平，フェアプレーといった価値観と関係しているような価値観をもっている傾向が強いと高くなります。純朴な傾向，気前のよさと私欲のなさが美徳と考える傾向とも関連します（関連尺度：L，Hy2，Pa3／それぞれと正の相関がある）。	68
E/Cy （皮肉癖尺度）	冷笑的・皮肉的な傾向（他者をあざ笑ったり，遠回しに意地悪を言ったりするような傾向）が強いと高くなり，衝動的な行動が示唆されます（疎外や猜疑心の尺度と同時に上昇する）。	41
Ho （クック・ メドレー 敵意尺度）	「皮肉主義的な敵意」と関連すると言われ，腹を立てやすく，猜疑的で，他者に恨みをもちやすい傾向が強いと高くなります。物理的に攻撃的でなくても，社会的な関係のなかでは警戒を怠らず，不機嫌になりやすく，社会的サポートからの孤立感や不満を感じやすいです。	41
S+ （極端な 猜疑心尺度）	伝統的な意味での妄想的思考と関連し，何らかのレベルで妄想的な場合に高くなります。すべてが精神病とは限らず，妄想性パーソナリティ障害の場合も含まれます。	44
WA （作業態度 尺度）	主観的な無能力感と関連し，自分の置かれた環境で生産的に課題をこなす力を失ったという感覚，認知的・知的な力量が衰え意欲が減退していると感じが強いと高くなります。T＝70以上の場合はCnの高さも踏まえ，入院や投薬を検討するべきと言われています（関連尺度：DEP，TSC/D，D4，Sc2B／気分変調，認知過程の阻害，意欲欠如といった点で項目内容が重なっている）。	52
Pe （小児性 愛尺度）	小児性愛，露出症，窃視症などを含む性嗜好異常と関連します。これらの病前性格傾向が強いと高くなります（関連尺度：I-SP）。	46
Ts（自殺の 徴候尺度）	T＝80以上であると，自殺の徴候に注意が必要です。	58
PK（PTSD- Keane尺度）	PTSDの尺度で，高いほどその可能性が高くなります。	60

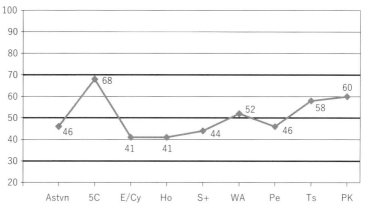

図12　Aさんのその他の追加尺度の結果

8 パーソナリティ障害尺度（Morey et al.）

Morey et al.（Morey et al., 1985；Colligan et al., 1994）によるパーソナリティ障害尺度です（詳しい出典については章末の参考文献を参照）。各尺度はその尺度名のパーソナリティ障害が示す特徴の強さを反映します（表14）。ただし，パーソナリティ障害の基準がDSM-IIIによるものであることに注意してください。「－N」がついている尺度群は，尺度間での項目の重複を除いたバージョンです。「－N」のついた尺度のほうが精度が高いとも言われていますが，定説はないためここでは両方取り上げました。

ではAさんの結果を見ていきましょう（図13・14：プロフィールパターン）。いずれのバージョンにおいても，T＝70を超えて高くなっている尺度はありませんが，AVDがやや高くなっています。これは回避性のパーソナリティ傾向を示唆します。回避傾向については2点コードの解釈においても出てきたポイントであり，Aさんの場合，状況への不適応（特に不全感や他者からの否定的評価に関連する）から逃れる手段として強い身体症状を呈していることが推測されます。

表14 パーソナリティ障害尺度（Morey et al.）（図13・14と連動）

尺　　度	解　　説	Aさんの結果 （　）は －Nの値
HST（-N） （演技性パーソナリティ障害）	演技性パーソナリティ傾向が強いと高くなります。	36（39）
NAR（-N） （自己愛性パーソナリティ障害）	自己愛性パーソナリティ傾向が強いと高くなります。	31（38）
BDL（-N） （境界性パーソナリティ障害）	境界性パーソナリティ傾向が強いと高くなります。	46（55）
ANT（-N） （反社会性パーソナリティ障害）	反社会性パーソナリティ傾向が強いと高くなります。	32（34）
DEP（-N） （依存性パーソナリティ障害）	依存性パーソナリティ傾向が強いと高くなります。	50（44）
CPS（-N） （強迫性パーソナリティ障害）	強迫性パーソナリティ傾向が強いと高くなります。	52（55）
PAG（-N） （受動攻撃性パーソナリティ障害）	受動攻撃性パーソナリティ傾向が強いと高くなります。	48（48）
PAR（-N） （妄想性パーソナリティ障害）	妄想性パーソナリティ傾向が強いと高くなります。	50（51）
STY（-N） （統合失調型パーソナリティ障害）	統合失調型パーソナリティ傾向が強いと高くなります。	51（43）
AVD（-N） （回避性パーソナリティ障害）	回避性パーソナリティ傾向が強いと高くなります。	59（65）
SZD（-N） （シゾイドパーソナリティ障害）	シゾイドパーソナリティ傾向が強いと高くなります。	47（48）

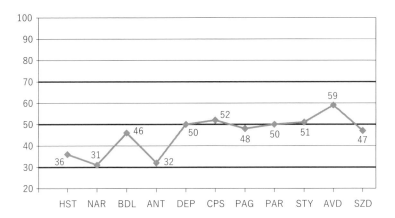

図13　Aさんのパーソナリティ障害尺度
（Morey et al.）の結果（項目重複あり）

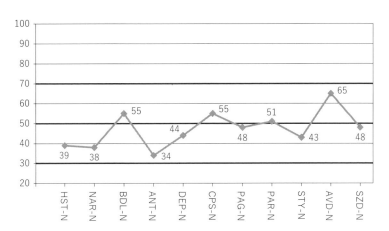

図14　Aさんのパーソナリティ障害尺度（Morey et al.）の結果
（尺度間の重複項目を除いたバージョン）

⑨ **パーソナリティ障害尺度（Levitt et al.）**

Levitt et al.（1995＝参考書籍⑤）によるパーソナリティ障害尺度
で，さまざまな有用な追加尺度から導かれたサインとあわせて用い
ることが推奨されています。各尺度はその尺度名のパーソナリティ
障害が示す特徴の強さを反映します（表15）。こちらもパーソナリ
ティ障害の基準がDSM-IIIによるものであることに注意してくださ

表15 パーソナリティ障害尺度（Levitt et al.）（図15と連動）

尺　　度	解　　説	Aさんの結果
Ant-LG （反社会性パーソナリティ障害）	反社会性パーソナリティ傾向が強い と高くなります。	35
Par-LG （妄想性パーソナリティ障害）	妄想性パーソナリティ傾向が強いと 高くなります。	54
Nar-LG （自己愛性パーソナリティ障害）	自己愛性パーソナリティ傾向が強い と高くなります。	45
Hls-LG （演技性パーソナリティ障害）	演技性パーソナリティ傾向が強いと 高くなります。	51
Bdr-LG （境界性パーソナリティ障害）	境界性パーソナリティ傾向が強いと 高くなります。	52
Pag-LG （受動攻撃性パーソナリティ障害）	受動攻撃性パーソナリティ傾向が強 いと高くなります。	52
Dep-LG （依存性パーソナリティ障害）	依存性パーソナリティ傾向が強いと 高くなります。	49
Obs-LG （強迫性パーソナリティ障害）	強迫性パーソナリティ傾向が強いと 高くなります。	57
Avd-LG （回避性パーソナリティ障害）	回避性パーソナリティ傾向が強いと 高くなります。	64
Sty-LG （統合失調型パーソナリティ障害）	統合失調型パーソナリティ傾向が強 いと高くなります。	46
StyC-LG （統合失調型パーソナリティ障害 コア）	シゾイドパーソナリティ障害は StyC-LGとSzdC-LGを比較して間接 的に検討されます。シゾイドでは後 者（SzdC-LG）が高くなることが多 いです。	58
SzdC-LG （シゾイドパーソナリティ障害コア）		47

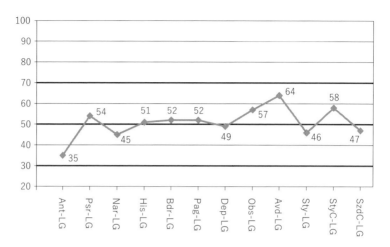

図15　Aさんのパーソナリティ障害尺度（Levitt et al.）の結果

い。臨床的にはMorey et al.のパーソナリティ障害尺度よりも精度が高い印象があります。

　ではAさんの結果を見ていきましょう（図15：プロフィールパターン）。Morey et al.のパーソナリティ障害尺度と異なる結果になることも多いのですが，Aさんの場合，こちらの尺度においてもAvd-LG（回避性パーソナリティ障害）が最も高くなっています。前述の⑧「パーソナリティ障害尺度」で触れたAさんの回避傾向について，より信憑性が高くなりました。

＊

　これですべての尺度について検討しました。次に，得られた情報を所見としてまとめ，Aさん本人へのフィードバックへとつなげていくことになります。

Ⅳ │ 追加尺度を症状／状態像のまとまりでみる

　Ⅲまでの手順で，基礎尺度および主な指標，追加尺度を解釈して
きました。もちろん，ここまでで得られた情報でも所見をまとめて
ご本人にフィードバックすることは可能です。しかし実際の臨床場
面では，「ある特定の症状についての情報がピンポイントで欲しい」
ということもあると思います。Ⅲでの解説からわかるように，ある
特定の症状や状態像に関連する追加尺度はいくつもあります。たと
えば「怒り」に関連する追加尺度としては，ウィギンス内容尺度の
HOS，AUT，トライアン・スタイン・チュークラスター尺度のTSC/
R，ハリス・リングース下位尺度のPd2が挙げられます。つまり「ウィ
ギンス内容尺度」といった尺度の種類のまとまりも大事ですが，「特
定の症状や状態像に関連する追加尺度を集めたまとまり」から解釈
することも重要ですし，非常に役に立ちます。ある視点から被検者
の特徴をとらえようとする場合，基礎尺度よりも特定の追加尺度が
有用であることも多いです。基礎尺度は多義的であるため，他の尺
度とのバランスによってその高さの意味合いが微妙に変わる場合が
ありますが，その点追加尺度は比較的シンプルであることが関係し
ていると思われます。

　参考文献⑤『MMPI追加尺度の臨床的応用 第2版』を参考に，「特
定の症状や状態像に関連する追加尺度を集めたまとまり」とその解
説を表にしました（表16）。以下，Aさんの結果を見ていきます。

- 不安：心配性で慢性的な不安を抱いていますが，はっきり特
  定された恐怖には結びついていないようです。
- 身体症状：関連尺度は全般的に高く，身体的健康に問題を抱
  えていることや身体症状の強さが推測されます。Aさんの第
  2尺度の高さは，抑うつ感だけでなくこの側面とも関連して
  いるようです。

表16 特定の症状/状態像に関連する追加尺度のまとめり

症状や状態像の カテゴリー	測度として使 用できる/ 関連する尺度	Aさんの 結果	解　説
不安	TSC/T	67	全般性不安症と診断される場合のような特定されない浮動性不安の測度。
	PHO	50	特定的な恐怖の測度。
			2つの尺度は多くの場合同時に上下するが、どちらかのみが高い人もいる。TSC/Tが高くPHOは高くない：心配性で慢性的な不安を中程度にもっているが、はっきり特定された恐怖には結びつかない人である可能性がある。TSC/Tが高くなくPHOが高い：防衛によって効果的に浮動性不安を恐怖症という形でのみ出現させる人である可能性がある。
身体症状	TSC/B ORG HEA D3	97 66 88 87	第2尺度、およびこれらの追加尺度はより身体的な健康に関連する尺度群と言われる。
抑うつ感	DEP TSC/D	55 59	抑うつの感情的、認知的側面の測度。D1、D4と相関あり。
自殺のリスク	D1とD2のバ ランス	70/47	D1が高く（一説にはT=70以上）で、D2が高くない（一説にはT=60未満）：自殺の危険性が高いことが推測される。
気分変調/ 特性抑うつ	D-Sと他の抑 うつ関連尺度 とのバランス	D-S 49	D-Sは特性抑うつの測度でT=60近辺で特性抑うつの傾向を表わす。特性抑うつ：抑うつ的な気分を自分ではほとんど感じていなくても、生きることは試練であると思っていることが多い。物事がうまくいっていないわけでなくても、得意になったりハイになったりすることはなく、少し不機嫌でいるだらだらしやすい傾向がある。D-OやD1、DEP、TSC/Dなどの抑うつ状態と明らかに関連する尺度が高くても、D-Sはそれほど高くない（T=55未満）のこともある。D-SがT=60近辺で、DEP、TSC/Dが中程度に高い（T=58〜68）場合、その人は気分変調と診断される可能性がある。
罪悪感を 伴わない抑うつ	MOR I-SC	60 56	自己概念の測度。罪悪感とも関連し、否定的方向と抑うつ関連尺度との相関が高いが、必ずしも該当するわけではない。

MMPIをはじめよう！ 第3章 119

表16 特定の症状／状態像に関連する追加尺度のまとめ（つづき）

症状や状態像のカテゴリー	測度として使用できる／関連する尺度	Aさんの結果	解説
罪悪感を伴わない抑うつ			DEP，TSC/D などの抑うつ関連尺度が高く MOR，I-SC が上昇しない：以前に病歴がない反応性うつ病の場合や慢性疼痛症候群、慢性・進行性・生命を脅かすような疾患や障害をもつ人が示すパターン。
精神病性の測定	I-RD	44	T=70以上で精神病的なプロセスの測度。
	I-DS	44	I-RD の項目によって可能な得点範囲を超えて、解離症状が存在するというためにはT=70以上でなくてはならない。
	PSY	54	精神病性の測度。社会病質な、世をすねている人の場合や他の点で社会的疎隔がある人の場合でも高くなる (Pd4A, Sc1A を高くする) ため、Pd4A, Sc1A を調べることが必要。これらが高くなければ、PSY はより精神病的プロセスを反映している可能性が高い。
妄想	PSY	54	妄想的思考をよく反映する。
	Pa1	52	
	Sc2A	54	
	S+	44	妄想的思考の診断に有効。何らかのレベルで妄想的な人で高くなるが、すべてが精神病と限らず、妄想性パーソナリティ障害と診断される人もいる。
	TSC/S	41	広い範囲にわたる不信感、猜疑心の測度。猜疑的、冷笑的、便宜主義的な傾向と関連するが、伝統的な意味での妄想や偏執であることは少ない。
反社会的傾向（疎外感）	Pd4A	53	疎隔感の測度。この2つは同時に上下することが多い。高得点者は疎外感をもっており、効果的な支持システムをもっていないと感じることが多い。誤解されていると感じる場合、自分の問題の責任を外在化する傾向がある。どちらの尺度でもT=70を超える場合は、社会から疎外されているという感覚が強く、誤解され差別的待遇をされていると感じている可能性が高い。
	Sc1A	45	
	Pd1	51	家庭での問題の測度。2つは同時に上下する。上のPd4A, Sc1A が高い人はこれらの尺度も高くなることが多い。
	FAM	44	

症状や状態像のカテゴリー	測度として使用できる/関連する尺度	Aさんの結果	解　説
反社会的傾向（猜疑心）/皮肉癖	TSC/S	41	精神病的傾向ではない猜疑心の測度（「妄想」の欄も参照）。T=55～65の範囲で、警戒過剰で対人関係でふりまわされる傾向を反映。T=65を超えると、他者の動機や意図にしばしば疑念を抱き、規則の目的や権威像の意見に疑いをもつ傾向のある、猜疑的な人である可能性がある。
	E/Cy	41	皮肉癖の比較的純粋な測度。皮肉癖と猜疑心は疎隔感と同時に存在することが多い。
	Ho	41	皮肉癖と敵意の入り混じったものを反映している。
	Mal	47	反社会的傾向に関する上記の測度すべてとともに上昇する傾向があるが、特に皮肉癖の測度とともに上昇。高得点者は人は不正直に、利己的に、便宜主義的に、いわゆる「食うか食われるか」「弱肉強食」の世界といった人生哲学を反映している。自分も同じように、ふるまっていると考えていることが多い。
反社会的傾向（怒り）	HOS	58	本人が感じている怒り、敵意の測度。自分の敵意には気づいているが、それが実際には顕在化していることには気づいていない場合もある。
	TSC/R	53	HOSと同じく敵意の測度であるが、HOSとは意味合いが多少異なる。この尺度の高得点者の怒りは、すぐれて、いらだちやすいという特徴をもっている。成人よりも青年で高くなりやすく、両親につけこまれ、操られ、圧倒されているという感じに対してネガティブに反応する青年の怒りに近いものを反映している。
	Pd2 AUT	43 33	権威葛藤の測度。若干異なる側面を反映している。Pd2が高くAUTは低くない：自分の反抗的な傾向に気づいている。AUTが高い：自分の反抗的な傾向に気づいていない可能性がある。
物質乱用	MAC	35 （粗点は16）	乱用がまだ始まっていないかすでに問題が片づいているかで静止段階にある人を含めて、物質乱用者一般を識別する。男性では粗点28点、女性では粗点25点（女性では男性より低い得点になると言われている）が妥当な分割点と言われているが、それよりも低い得点を取る依存症の例もあるため注意が必要とされている。

MMPIをはじめよう！　第3章　**121**

表16 特定の症状/状態像に関連する追加尺度のまとめり（つづき）

症状や状態像のカテゴリー	測度として使用できる/関連する尺度	Aさんの結果	解説
性的問題	Pe	46	小児性愛に限らず、露出症、窃視症なども識別できる。性嗜好異常のいくつかの下位グループに共通する特徴を測定する。
	I-SP	45	高得点者は、勃起障害、オルガズム障害、性嫌悪障害、性嗜好異常などの機能障害をもっている場合が多い。項目内容を吟味することでこれらを識別できることもある。
	Hy2 Pa3 L 5C	52 66 67 68	道徳観・正義感の測度。
価値観の葛藤	Ma1	47	道徳観とは逆の関係をもつ尺度。正常範囲に達しないことが期待される。上の4つの尺度が上昇し、同時にMa1も上昇している場合、道徳的価値観の領域で強い葛藤があることを示す。自分が道義的に正しい人間であるという自己知覚を維持しようとしているが、同時に、不道徳な社会のなかで道義性が保証されることはなさそうだと感じて悩んでいる可能性がある。女性で、同時にI-SPも高い場合には、この葛藤には性的な行動化への衝動が含まれている（既婚者の場合、特にその傾向がある）。
社会的不安と社会的刺激欲求の葛藤	Ma2	54	高得点者は最適刺激水準が高く、刺激的で興奮するような状況に身を置きたいという欲求が強い。多くの人にとっては刺激とは社会的なものであり、他者との対人関係を通して得られる。社交的に活動することができるこのような人でこの尺度が高い人は刺激欲求を満たすことができる。
	SOC TSC/I Hy1 Pd3 Ma3	56 60 53 49 37	上のMa2が高く、同時にSOC、TSC/Iも高く、Hy1、Pd3、Ma3が低い人はかなりの情緒的な問題を抱えている。つまり、社会的に不器用で、心配性、内気でまごつきやすく対人場面でうまくやっていく傾向があり、親しみにくいといった、高い最適刺激水準をもっているということとになり、自身の最適刺激水準を満足させることが難しいということとになり、青年期の場合よりも成人の場合には特に問題になりやすい。

症状や状態像のカテゴリー	測度として使用できる／関連する尺度	Aさんの結果	解　説
敵意の統制の問題	O-H	52	敵意を否認と抑圧によって過剰に統制する人で高くなる。上のO-Hが高いとこれらの尺度は低得点になる。敵意を否認を怒らせることがない穏やかな人物であると見ている人である人からである。しかし、O-Hが高くこれらの尺度でも高得点になる場合、過剰統制の欲求が強いにもかかわらず否認の機能が不完全である可能性がある。敵意を統制しようとする欲求と、それを表出しようとする欲求の間の葛藤は不快をもたらし、これは症状に反映されることが多い。
	HOS AUT	58 33	
依存と猜疑の葛藤	I-De と I-Do のバランス	41/39	I-Deは依存性の測度。I-Do（高得点者では強く自分を主張する、自分が他者の意見に左右されないと感じている傾向）とあわせて解釈すると有用とされる。依存的な人は意思決定を他人に頼り、生活上の責任を負うにも依存することが多い。依存するためには、純朴で疑いを知らない信頼的な人と他者との関係を作り上げることが困難であり、したがって依存欲求を満たすことはできない。この葛藤は青年期の終わりから成人期の初期に体験されるのが普通であり、いくつかの症状を伴う。左に挙げたような猜疑心や皮肉味の尺度が高く、かつ上記の尺度において依存的な人はこの葛藤を抱え、症状化している可能性がある。
	TSC/S S+ E/Cy	41 44 41	
	Cn	51	重度の精神病理を持つ人で低得点の場合には入院すべきである。T=65を超えて高得点の場合、外来ベースのほうがうまくやっていけると言われる（高得点者のなかには「悪く見せかける」反応態度の人もいるため注意すべき）。
入院か外来か	WA	52	本人の主観的な無能力感の測度。症状には抵抗しがたく、意欲が減退し、意欲が減退しているという本人自身の気持ちを反映している。T=60～69の場合には、日常生活での機能が何かしら損なわれていると感じているが入院が必要なほどではない。T=70以上の場合は、情緒的な障害があり、そのため意欲的に働くことができない。そのためのCnの高さに応じて入院あるいは投薬が必要と考えられる。それだけでなく認知的・知的な力量、上のCnの高さも反映していると考えられる。

表16 特定の症状／状態像に関連する追加尺度のまとめ（つづき）

症状や状態像の カテゴリー	測度として使 用できる／ 関連する尺度	Aさんの 結果	解　　説
治療関係	TSC/S S+ Pd4A Sc1A Ho	41 44 53 45 41	TSC/SやS+で高得点（特にT=70以上）の場合には、いわゆる「良い」患者にはなれない。治療者の好意的な意図に疑いを抱き、治療に必要な十分な信頼関係を作れない傾向。Pd4A、Sc1A、Hoなどの疎隔感の尺度も同時に高いとき後は予後が悪い。これらが同時に高いことは、よくある。これらの人は冷笑的で要求がましく、非難を外在化する。自分の行動に責任をもたせないようなような方向づけの治療は抵抗する。これら5つの尺度のうち、いずれか2つで高い得点を取るような形のものにとよ、言語を媒介とする治療の予後は悪い。
	Hy1 Pd3 Ma3 SOC TSC/I	53 49 37 56 60	Hy1、Pd3、Ma3が低く、SOC、TSC/Iが高い人は、治療者と生産的に関わること困難であると推測される。言語的コミュニケーションに問題があり、特に感情表現が苦手であることが多い。治療の進みは遅く、治療者は忍耐を強いられる可能性がある。前者3つの尺度（社会的平静の尺度）のうち少なくとも1つで低い得点を取り、後者2つの尺度（社会的内向の尺度）のうち少なくとも1つで高い得点を取る患者では、言語的媒介による治療の予後は不透明であり、楽観できない。
社会的適応 （社会的不安）	Hy1 Pd3 Ma3	53 49 37	社会的平静と落ち着きの測度。得点が低いと、社会的場面で不安を抱えて不器用な傾向がある。社会的適応を解釈するためには、これら3尺度のうち2尺度でT=60を超える必要がある。Pd3が最も信頼性が高い。
社会的適応 （シャイド傾向）	SOC TSC/I	56 60	共に上昇することが多い。高得点を取る人は社会的場面で不安を覚えるだけではなく、自意識過剰で堅苦しく、抑制的で、ストレスのもとでは引きこもりがちである。中程度に高い場合は内向的であり、T=70以上ならばよりシャイド傾向が強い。
社交性・ 外向性	HYP	49	T=60〜69の範囲の場合、快活で熱意的、社交性があること推測される。T=70を超える場合、興奮しやすく衝動的で、情緒的に不安定な傾向と関連する。このような未熟性の表われはその人の生産的な生活を阻害するかもしれないような状態はそう言える。

症状や状態像のカテゴリー	測度として使える/関連する尺度	Aさんの結果	解説
社交性・外向性	Ma2	54	生活のなかで感覚や興奮を求める程度の測度で、刺激欲求と高い相関をもつ。正常な青年、および若い成人の場合、特に男性の場合、T=70を超えることは少なくない。成人一般の場合、T=60～69の得点で、外向性、社会的場面で不快を感じない傾向を表す。T=40未満の場合は、不快と引きこもりの傾向を示す。
パーソナリティ傾向（基準への同調と道徳性）	Hy2 Pa3 5C REL L Ma1 E/Cy Ho TSC/S	52 66 68 51 67 41 41 41 41	パーソナリティ傾向：道徳的価値を重んじ、自分を道徳的で高潔であると思っているか、個人的行動の伝統的文化的基準に同調的であると信じている。世間を疑いの目で見ることはなく、社会的な悪や悪人は稀にしかないと思っている。 このような傾向をもつ人では、上5つの尺度（Hy2, Pa3, 5C, REL, L）が高くなり、下4つの尺度（Ma1, E/Cy, Ho, TSC/S）が低くなることが多い。 このパターンは成人女性に多く見られ、Hy2, Pa3が高いだけの場合もある。さらにLだけが高い場合、特に自分の貞節さを主張する傾向がある。または5CとLも高いか、保守主義といった傾向も見られる。正直、道徳性に加えて、信頼、スポーツマンシップ、保守主義といった傾向に高い時同時に高い道徳性に加えて、その人のパターンには、REL も高い場合らかな宗教的な基礎がある。
	HOS TSC/R O-H	58 53 52	上のようなパーソナリティ傾向の人は怒りと敵意を否定し、HOS, TSC/R が低くなる傾向があり、時にはO-Hが高くなることがある。
パーソナリティ傾向（権威葛藤）	Pd2 AUT HOS TSC/R Ho	43 33 58 53 41	パーソナリティ傾向：反抗的。反抗的な傾向をもつ人では Pd2, AUT が高くなる。AUT が高い人は権威像による命令を受け入れることに問題があることいくらか自覚していると思われる。Pd2 のみが高い人は制約や統制を自身が自覚してはいないように思われる（AUT のみが高く Pd2 が平均的な値であることは稀である）。 Pd2 が高いと HOS, TSC/R, Ho なども高くなることが多い。正常な青年の多くは、特に男性では Pd2 は T=65～70 の範囲を取り、時に TSC/R も高くなる。非行少年の場合には AUT, HOS, Ho も高くなりがちである。

表16 特定の症状／状態像に関連する追加尺度のまとめ（つづき）

症状や状態像のカテゴリー	測度として使用できる／関連する尺度	Aさんの結果	解説
パーソナリティ傾向（行動化）	Ma2	54	パーソナリティ傾向：最適刺激水準が高く、刺激を求め、興奮を体験しようとする欲求が普通以上に強い。そのような経験を得るために危険を冒す。社会的、集団的活動、スポーツ活動を求め、人との交際を楽しむことが多い。 このような傾向をもつ人ではMa2やHYPが高くなる（Ma2が高くてHYPが低い人は問題がある）。 Ma2がT=60～70となるのは、正常な、特に男性の青年や若い成人男性では珍しくない。青年ではT=70を超えても重い精神病理は示さないこともある。しかし、同時にHOSまたはHoが高い場合（特にT=68を超える場合）には敵意的な行動化が推測される。男性でさらにPeがT=65を超える場合、あるいは男女ともにI-SPも高い場合には性的な行動化の可能性が推測される。
	HYP	49	
	HOS	58	
	Ho	41	
	Pe	46	
	I-SP	45	
パーソナリティ傾向（依存性）	I-De	41	パーソナリティ傾向：依存（依存欲求）が強い。自尊心は主として外発的に維持されており、自信に欠け、決定をするのが苦手で、自分の欲求を自分が依存する相手の欲求の下に置く傾向がある。 I-DeがT=60以上の場合、上記のような、典型的に依存的な人である。I-DoはT=45を超えるのは稀で、T=50を超えることは決してない。 依存的な人は、自分は人当たりがよく親和的であると思う必要があり、特に怒りの感情は否認される。自分の責任を果たしたり、何か人当てに依存することにしたり、自分の人生の全体的な舵取りをしたりする際に他人に依存することがすれば、敵意をもつ余裕はありえないと言える。したがって、依存的な人はHOS、AUT、Hoなどの敵意の尺度では低い得点を取ることが多い。
	I-Do	39	
	HOS	58	
	AUT	33	
	Ho	41	
パーソナリティ傾向（支配性）	I-Do	39	パーソナリティ傾向：支配欲求が強い（欲求を満たさせることも満たさせないこともある）。大胆で自信があり、断定的ではっきりとした意見をもっており、関係において支配的であろうとする。 I-DoがT=60～69の場合、上記のような、支配的である。I-DeはT=45を超えるのは稀で、通常T=40以下である。 I-DoがT=70を超える場合、その人の多様な自信の主張やそれに頼ることは、多分当たりを得たものではないか。対人場面で支配的であることを性急に求めるが、それを成功させるために必要な資質には欠ける。
	I-De	41	

症状や状態像のカテゴリー	測定として使用できる/関連する尺度	Aさんの結果	解説
パーソナリティ傾向（依存性・支配性）			誰でも依存欲求と支配欲求をもっており、この2つは均衡を保っているのが普通。I-De、I-Doが中間的な範囲にある場合には、依存欲求と支配欲求は均衡が取れており診断的な解釈文は不要。普通はこの2つの尺度の得点差は10を超えることはない。I-DoがT=50を超えていてI-Doがそれより下得点で15以上低ければ、依存欲求が顕在化するであろう。逆に、I-DoがT=50を超えていてI-Deがそれより上得点で15以上低ければ、支配欲求が顕在化するであろう。ただし、これは傾向という程度のことであり、解釈上明確に主張するためには各尺度得点がT=60に達していなければならない。
パーソナリティ傾向（受動攻撃）	Pd2 TSC/R I-De I-Do	43 53 41 39	パーソナリティ傾向：依存的な人で（パーソナリティ傾向：依存性の欄も参照）、かつ怒りの感情を内にもっており、引き延ばし、物忘れ、怠惰な行動などの、怒りの受動的な表現が特徴的。このような傾向をもつ人では、いくつかの敵意の尺度が高くなる。特にPd2、TSC/RでT=60を超える。同時にI-De・I-Doのバランスに依存的人物であることを示すような不均衡がある。
パーソナリティ傾向（自己主張的な女性）	Astvn I-De I-Do FEM I-SP TSC/R	（男性のため該当せず）	パーソナリティ傾向：女性で、自分の個人的な権利について自覚しており、自己主張と攻撃性の違いについて何らかの理解をもっているようである。このような傾向をもつ女性ではAstvnがT=65以上となり、I-Deが高いこととも稀である。一方I-DoでもT=60を超えない傾向がある。むしろT=40～59の範囲にあって、かつI-DoがI-Deよりも高い。FEMで平均範囲の得点には主張的な兆候がある。性的同一性に問題がない主張的な女性である。同時にI-SPが高いことも敵意のない女性である。また敵意のある女性、FEMが低い場合、特にT=40未満の場合には主張的というよりはむしろ攻撃的である傾向がある。女性としての性的同一性を拒否する尺度も関連があり、性的同一性に関する諸尺度の上昇は、性的同一性に障害がある女性となる。TSC/Rなどの尺度の敵意の諸尺度の上昇は平均範囲内になるのが普通である。敵意のある女性のひとつの指標となる。

- 抑うつ感：D1，D4を含め全般的にやや高めであり，抑うつ感の存在が推測されます。
- 自殺のリスク：主観的な抑うつ感が強いですが，同時に活動が落ちない傾向もあるため，自殺の危険性が示唆されます。
- 気分変調／特性抑うつ：該当しません。
- 罪悪感を伴わない抑うつ：該当しません。Aさんの抑うつ感は自己否定を伴っています。
- 精神病性の測定：どの関連尺度も高くなく，精神病的な要素は否定されます。
- 妄想：どの関連尺度も高くなく，妄想的な思考は否定されます。
- 反社会的傾向（疎外感）：どの関連尺度も高くなく，疎外感の強さや家庭問題の存在は否定されます。
- 反社会的傾向（猜疑心／皮肉癖）：どの関連尺度も高くなく，猜疑心や皮肉的な傾向の強さは否定されます。
- 反社会的傾向（怒り）：HOSのみがやや高いですが，怒りはそれほど強くないようです。
- 物質乱用：該当しません。
- 性的問題：該当しません。
- 価値観の葛藤：道徳を重んじる傾向が強いですが，道徳的価値観における葛藤の存在は否定されます。
- 社会的不安と社会的刺激欲求の葛藤：社会的な不安を抱えていますが，刺激欲求は強くないため，葛藤の存在は否定されます。
- 敵意の統制の問題：O-Hは高くなく該当しません。
- 依存と猜疑の葛藤：I-Deは高くなく該当しません。
- 入院か外来か：いずれも得点は平均的であり，特別な情報は得られません。
- 治療関係：治療者との信頼関係の構築が大きな問題となる可能性は低いと思われます。しかし感情表現や言語的コミュニ

ケーションが苦手という可能性があるため，言語的治療の進
展は楽観視できません。

- 社会的適応（社会的不安）：社会的場面で不安を抱え，不器用
  な傾向がうかがわれます。
- 社会的適応（シゾイド傾向）：社会的場面で不安を抱えるだけ
  でなく，自意識過剰で堅苦しく，内向的な傾向が多少あるよ
  うです。
- 社交性・外向性：いずれも得点は高くなく該当しません。
- パーソナリティ傾向（基準への同調と道徳性）：このパーソナ
  リティ傾向を有していると言えるようです。
- パーソナリティ傾向（権威葛藤）：このパーソナリティ傾向に
  は該当しません。
- パーソナリティ傾向（行動化）：このパーソナリティ傾向には
  該当しません。
- パーソナリティ傾向（依存性／支配性）：依存性，支配性につ
  いて目立った特徴は見られません。
- パーソナリティ傾向（受動攻撃）：このパーソナリティ傾向に
  は該当しません。

　なお，Aさんは明らかなパーソナリティ障害ではないためここで
は解釈していませんが，参考文献⑤『MMPI追加尺度の臨床的応用
第2版』には特定のパーソナリティ障害に関連する追加尺度のサイ
ンについても記述がありますので，パーソナリティ障害が疑われる
被検者の結果を解釈する際は参考にしてください。

参考文献
＊『MMPI新日本版採点プログラム』で採用されていない尺度の詳しい出典
- Astvn（女性の自己主張尺度）
  Ohlson, E.L. & Wilson, M. (1974) Differentiating female homosexuals from
  　female heterosexuals by use of the MMPI. Journal of Sex Research 20 ;
  　308-315.

- 5C（因習性尺度）

  Pepper, L.J. & Strong, P.N. (1958) Judgmental subscales for the Mf scale of the MMPI. Unpublished manuscript.

- パーソナリティ障害尺度

  Colligan, R.C., Morey, L.C., & Offord, K.P. (1994) The MMPI/MMPI-2 personality disorder scales : Contemporary norms for adults and adolescents. Journal of Clinical Psychology 50 ; 168-200.

  Morey, L.C., Waugh, M.H., & Blashfield, R.K. (1985) MMPI scales for DSM-III personality disorders : Their derivation and correlates. Journal of Personality Assessment 49-3 ; 245-251.

*プログラムに採用されていない尺度を採点する際には以下の文献が役に立つ

井手正吾 (2012) MMPI追加尺度の基礎資料──新日本版MMPIの追加尺度の採点キーと標準データ．札幌学院大学心理臨床センター紀要12 ; 7-24.（下記の訂正表を必ず参照すること）

井手正吾 (2013) 前号論文 (2012年，12号，pp.7-24) の訂正表．札幌学院大学心理臨床センター紀要13 ; 117-120.

4321

MMPIをケースでまなぼう！

症例① 戸籍変更のため 性別違和の診断を求めて受診した症例

荒川和歌子
野呂浩史

I │ 症例の概要

1. 症例：20代，女性
2. 診断：性別違和（DSM-5）
3. 経過

　　両親は昔から厳しかった。小学校に入ったときには「外見が男の子」で恋愛対象は女の子だった（以下，「　」内は本人の言葉）。小学6年時，女性の担任教師を意識したあたりから自らの性別に関する違和感をもつようになった。しかし身体に関するコンプレックスは強くなく，そもそも周囲からは男の子と見られ，そのように扱われていた。中学1年時に初潮を迎え「気持ち悪い」と思った。中学校時代は指定のジャージで登校していたが，高校時代は制服がスカートになり「少し辛かったけど履いていた」。周囲の友達からは「オナベとか言われていた」が「（住んでいた地域は）田舎なのでみんな仲が良く，恵まれていたと思う」。高校1年時から通称名（男性名）を使用した。高校卒業後は大学に進学し，入学当初は「女の子らしく頑張った」。親にカムアウトしたら勘当されるのではないかと思って言えなかったことや，まだ親からの仕送りを受けている状態であり「男としてはまだ不安だった」ことなどが理由だった。大学1年時，男性と付き合ってみたがうまくいかず，「やっぱり予想通りだと思って，逆に自分の性別がはっきりしてすっきりした感じ」があった。このことで「女性として生きていくのは難しいとはっきり感じた」。大学時代は学校へはほとんど行かず，アルバイトをして過ごした。

　　当時は性別違和（DSM-IV においては性同一性障害）の治療についての知識が乏しかったこともあり，大学を卒業する頃が一番悩んでいた時期だった。外見だけ女性として就職活動をし，いくつか内定をもらったが結局就職しなかった。大学卒業後はいくつかのアルバイトを経て，飲食店で正社員として働いた。職場ではっきりとカムアウトしたわけではなかったが，「暗黙の了解で」男性として働い

ていた。X-1年にホルモン療法を開始してからは，職場の上司や周囲の人たちのほとんどにカムアウトした。X年，性別違和の診断と身体的治療の適否判断を目的に精神科を受診し，MMPIは診断確定のための補助として施行された。症例は性別違和感以外の苦痛や症状を訴えておらず，この点において精神科的治療を求めて受診する一般の患者の場合とは施行目的が異なっていた。

Ⅱ｜MMPI結果

MMPIの試行結果については図および表にまとめた。

Ⅲ｜MMPI所見

まず本検査結果の特徴として，臨床尺度にT＝70を超えたものはなく，また追加尺度もわずか2尺度を除いてT＝70を超えていない。したがって本検査からは，明確な精神病理や症状の存在は否定された。そのため以下，本症例の有するパーソナリティ特徴に焦点を当てて記述する。特徴的な点は，①エネルギー水準の高さ，②社会的場面での不安と警戒心の強さ，という2点である。

［1］ エネルギー水準の高さ

エネルギー水準の高さ（Ma2の高さ，HYPの高さ）は，本症例の活動性や積極性などのポジティブな側面の表れでもあると思われるが，同時に怒りに関する尺度群もやや高く（Pd2，HOS，TSC/R，Ho），怒りや敵意の強さとも関連していることが推測された。しかし，その怒りはあまり自覚されていない面があるかもしれない（AUTは高くない）。また，このように刺激欲求の強さ（Ma2およびHYPの高さ）と怒りの強さが同時に認められる場合，敵対的な行動化が

見られることもある。さらにPe，I-SPも同時に高い場合には性的な行動化の可能性が示唆されるが，本症例も尺度得点上はこれに該当している。ただし本症例の場合，Pe，I-SPの高さはむしろ現在の主な問題である性的同一性の問題と関連が深いように思われる。

2 社会的場面での不安と警戒心の強さ

この点はさまざまな尺度得点と関連している。まず臨床尺度で最も高かったのは第6尺度であり，2点コードは69コードおよび60コードである。これらのコードタイプからは緊張しやすく批判・拒否に敏感なこと，他者が自分を受け入れないのではないかと予想しがちであり，情緒的な関わり合いを恐れ，感情を統制しがちなことなどが推測された。ただしT＝70を超えない健常範囲の2点コードであるため，解釈はあくまでもパーソナリティスタイルを表すものとして採用すべきであろう。またK尺度の低さが本人の自信のなさや，物事にうまく対処できていないという感じを示唆している。しかし一方で，Es尺度は低くないこと，臨床尺度全般の上昇の程度などから，実際の機能水準はそれほど低下していないと思われる。

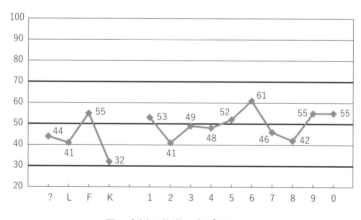

図　症例の基礎尺度プロフィール

表 症例のMMPI結果（指標・追加尺度）

指標・尺度	症例の結果	指標・尺度	症例の結果
主な指標		Pd3（社会的平静）	47
F-K指標	0	Pd4A（社会的疎外）	65
CLS（不注意尺度）	1	Pd4B（自己疎外）	72
AI（不安指標）	33	**第6尺度の下位尺度**	
IR（内面化比率）	0.92	Pa-O（パラノイア，明瞭）	52
GI（ゴールドバーグ指数）	49	Pa-S（パラノイア，隠蔽）	64
プロフィール上昇度（ME）	49.4	Pa1（被害観念）	57
T%	45	Pa2（神経過敏）	52
追加尺度		Pa3（無邪気）	51
①ハリス・リングース下位尺度および明瞭・隠蔽尺度		**第8尺度の下位尺度**	
第2尺度の下位尺度		Sc1A（社会的疎外）	49
D-O（抑うつ，明瞭）	52	Sc1B（情緒的疎外）	44
D-S（抑うつ，隠蔽）	29	Sc2A（自我統制の欠如，認知面）	41
D1（主観的抑うつ）	53	Sc2B（自我統制の欠如，能動面）	45
D2（精神運動性遅滞）	25	Sc2C（自我統制の欠如，抑制困難）	57
D3（身体的不調）	51	Sc3（奇異な感覚体験）	60
D4（精神的沈滞）	45	**第9尺度の下位尺度**	
D5（病的熟考）	62	Ma-O（軽躁病，明瞭）	57
第3尺度の下位尺度		Ma-S（軽躁病，隠蔽）	58
Hy-O（ヒステリー，明瞭）	62	Ma1（道徳欠如）	47
Hy-S（ヒステリー，隠蔽）	35	Ma2（精神運動促進）	63
Hy1（社会不安の否認）	35	Ma3（平静）	38
Hy2（愛情欲求）	38	Ma4（自我膨張）	64
Hy3（疲労・不快）	59	**②代表的な追加尺度**	
Hy4（身体愁訴）	64	A（不安尺度）	59
Hy5（攻撃抑制）	33	R（抑圧尺度）	37
第4尺度の下位尺度		MAS（顕在性不安尺度）	62
Pd-O（精神病質的偏倚，明瞭）	68	Es（自我強度尺度）	56
Pd-S（精神病質的偏倚，隠蔽）	37	Lb（腰痛尺度）	60
Pd1（家庭の不和）	56	Ca（頭頂葉・前頭葉損傷尺度）	58
Pd2（権威問題）	64		

表　症例のMMPI結果（指標・追加尺度）（つづき）

指標・尺度	症例の結果
Dy（依存性尺度）	55
Do（支配性尺度）	58
Re（社会的責任尺度）	52
Pr（偏見尺度）	48
St（社会的地位尺度）	63
Cn（統制尺度）	64
Mt（大学不適応尺度）	57
MAC（マックアンドリュー・アルコール症尺度）	47
O-H（敵意の過剰統制尺度）	39
③ウィギンス内容尺度	
SOC（社会的不適応）	57
DEP（抑うつ）	58
FEM（女性的興味）	36
MOR（意気消沈）	54
REL（信仰上の根本主義）	32
AUT（権威葛藤）	52
PSY（精神病性）	58
ORG（器質性症状）	53
FAM（家庭問題）	47
HOS（顕在性敵意）	69
PHO（恐怖症）	45
HYP（軽躁病）	64
HEA（不健康）	53
④トライアン・スタイン・チュークラスター尺度	
TSC/I（社会的内向性）	56
TSC/B（身体症状）	61
TSC/S（猜疑心・不信感）	61
TSC/D（抑うつ・無感動）	56
TSC/R（憤慨・攻撃）	60
TSC/A（自閉性・分裂思考）	67
TSC/T（緊張・心労・恐怖）	62

指標・尺度	症例の結果
⑤インディアナ論理尺度	
I-De（依存性）	44
I-Do（支配性）	51
I-DS（解離症状）	54
I-OC（強迫性）	54
I-SC（自己概念）	56
I-RD（重度現実歪曲）	44
I-SP（性的問題）	83
⑥その他の追加尺度	
Astvn（女性の自己主張尺度）	57
5C（因習性尺度）	45
E/Cy（皮肉癖尺度）	47
Ho（クック・メドレー敵意尺度）	65
S+（極端な猜疑心尺度）	50
WA（作業態度尺度）	54
Pe（小児性愛尺度）	65
Ts（自殺の徴候尺度）	58
PK（PTSD-Keane尺度）	62
⑦パーソナリティ障害尺度（Morey et al.）	
HST（演技性パーソナリティ障害）	44
NAR（自己愛性パーソナリティ障害）	49
BDL（境界性パーソナリティ障害）	62
ANT（反社会性パーソナリティ障害）	59
DEP（依存性パーソナリティ障害）	46
CPS（強迫性パーソナリティ障害）	55
PAG（受動攻撃性パーソナリティ障害）	61

表　症例のMMPI結果（指標・追加尺度）（つづき）

指標・尺度	症例の結果	指標・尺度	症例の結果
PAR（妄想性パーソナリティ障害）	59	SZD-N（シゾイドパーソナリティ障害）	53
STY（統合失調型パーソナリティ障害）	62	⑧パーソナリティ障害尺度（Levitt et al.）	
AVD（回避性パーソナリティ障害）	59	Ant-LG（反社会性パーソナリティ障害）	52
SZD（シゾイドパーソナリティ障害）	58	Par-LG（妄想性パーソナリティ障害）	61
HST-N（演技性パーソナリティ障害）	57	Nar-LG（自己愛性パーソナリティ障害）	60
NAR-N（自己愛性パーソナリティ障害）	54	His-LG（演技性パーソナリティ障害）	63
BDL-N（境界性パーソナリティ障害）	71	Bdr-LG（境界性パーソナリティ障害）	65
ANT-N（反社会性パーソナリティ障害）	54	Pag-LG（受動攻撃性パーソナリティ障害）	57
DEP-N（依存性パーソナリティ障害）	40	Dep-LG（依存性パーソナリティ障害）	49
CPS-N（強迫性パーソナリティ障害）	55	Obs-LG（強迫性パーソナリティ障害）	54
PAG-N（受動攻撃性パーソナリティ障害）	61	Avd-LG（回避性パーソナリティ障害）	59
PAR-N（妄想性パーソナリティ障害）	63	Sty-LG（失調型パーソナリティ障害）	59
STY-N（統合失調型パーソナリティ障害）	49	StyC-LG（失調型パーソナリティ障害コア）	55
AVD-N（回避性パーソナリティ障害）	68	SzdC-LG（シゾイドパーソナリティ障害コア）	55

MMPIをケースでまなぼう！　第4章　139

多くの追加尺度の結果も上記の特徴を支持している。たとえば，社会的不安と関連する3尺度（Hy1，Pd3，Ma3）はいずれも低く，社会的場面での自信のなさ，気楽に振る舞えない感じがあるようだ。社会的内向性に関連する尺度（SOC，TSC/I）も，大きく問題となるほどではないがやや高めである。また抑うつ感とも関連する自己疎外の尺度（Pd4B）がT＝72と高く（上述の通り追加尺度でT＝70を超えたものは2尺度のみである），自己についての不満，自分自身を受け入れられない感覚が強いことも気になる点である。抑うつ感そのものと関連する尺度にもやや高めのものがあることから（DEP，TSC/D），病的な抑うつ状態ではないものの，自分自身について思い悩むことがあるかもしれない。これは自らの性的同一性に問題を抱えているという本症例の現状を踏まえると，当然の結果と考えられる。自分自身を受け入れがたく自信がもてない状態であれば，おのずと他者の言動に敏感になり，社会的場面においても不安を感じやすくなると思われる。他者に対して不信感・警戒心を抱きやすい面もあるようだ（Pa1，PSY，TSC/Sの高さ）。

③ ①と②の葛藤について

本症例のように，Ma2の高さで示されるような社会的刺激欲求の高さと，社会的不安関連の3尺度（Hy1，Pd3，Ma3）の低さで示されるような社会的不安の高さが同時に認められる場合，被検者は内的な葛藤を抱いていると解釈される。すなわち，社会的刺激欲求が強いということは，刺激的で興奮するような状況に身を置きたいという欲求が強いことを意味し，このような刺激は主に他者との社会的な交流を通じて得られることが多い。社交的に活動できる人はこの欲求を満たすことができると考えられるが，本症例のように同時に社会的な不器用さや心配，内気さを抱えている場合，自身の刺激欲求を満たすことが困難となる可能性がある。本症例で認められた怒りの強さは，こういった葛藤とも関連しているかもしれない。

4 **性的同一性の問題について**

現在本症例が抱える性的同一性の問題は，以下の点で結果に表れている。すなわち，女性としての性的同一性を拒否している兆候があること（FEMがT＝40を下回る），性的問題を反映する尺度（PeおよびI-SP）が高いこと，さらにTSC/Rなど敵意の諸尺度の上昇も性的同一性に障害を抱える女性のひとつの指標となると言われており，本症例の結果もこれに該当している。

Ⅳ 検査結果の活用

1 **本人への結果フィードバック**

本人への結果フィードバックは以下の内容で実施した。まず，性的同一性の問題の存在が本結果からも支持されたこと，それ以外には特に大きな問題は認められなかったことを伝えた。性別違和の診断を覆すような「何か別の病気」である可能性が否定されたことにホッとした様子も見られた（以下，「　」内は本人の言葉）。

次に，本検査で見られたパーソナリティ特徴について1つずつ説明していった。

(1) エネルギー水準の高さについて

本人はどちらかというと活動的であること，そして基本的には明るく前向きだと思うが短気な一面があることについて「自覚がある」と述べた。また，「イライラするのはストレスかと思っていましたが，性格でもあるんですね」と述べている。

(2) 社会的場面での不安と警戒心の強さについて

本人は性別違和感を抱えて生きてきた半生を振り返りながら，以下のような感想を述べた。いつも「何かが違う感じ」で自分に自信がもてないところがあったと思う。今，同じような悩みを抱える人

の半生をネットなどで見聞きすると，その人たちと比べて自分の場合は環境に恵まれていたとあらためて思う。特別いじめを受けたり，嫌がらせをされることはなかった。それでもやはり自分に自信がもてなくて，友達などに自分の内面を見せるのは苦手だったし「割と強がっていたと思う」。いつも「本当の自分を見せたら相手に変に思われるだろう」という不安があった。「こうなってくると，この身体に生まれたからそうなったのか，もともとの性格なのかがわからなくなりますね」と笑った。筆者が "これから身体的治療や環境調整を進めて，より自分らしく生活できているという実感がもてたら，また変わってくるところかもしれない" と応じると，「そうかもしれない」と同意した。

(3) (1)と(2)の葛藤について

本人は葛藤について「なるほど」と納得した様子であった。人が苦手な面はあるが，「本当に信じられる人が欲しい」とも思っているし，できれば好きな人と結婚したいと思っている。たしかにもっと自信をもって人と関われるようになれば，「ストレス解消もうまくなるかもしれません」と述べた。

② その後の経過

本検査結果の参照および複数の医師による定期的な診察によって，症例は性別違和と診断された。その後X+2年までに乳房切除術および性別適合手術を終え，法律に基づいた性別の取扱いの変更（戸籍変更）の申し立てをすることとなった。本人は「ここまで来るのは本当に大変だったけど，自分のために頑張ってよかったと思う」と笑顔を見せた。申し立てのための書類を準備して以降，来院はない。

MMPIは当初の目的通り診断の一助として，また症例の自己理解のために非常に有意義であった。

症例② 記憶に関する不安を抱えて来談した症例

松原弘泰

I | 症例の概要

1 **症例**：40歳代，女性
2 **診断**：適応障害，うつ病
3 **経過**

同胞なし。幼少期に父親を事故で亡くし，以降は母親との2人暮らし。小学校，中学校と特に問題行動などは見られず，地元の高校に進学。小・中・高と成績は優秀でリーダーシップを取る立場であった。地元の短大を卒業後，事務員として地元の企業に就職。就職してから5年を経過した頃に結婚。退職し1児をもうける。配偶者の頑なに自分の生活のルールを守ろうとし，些細なことにこだわり，焦りやすく不機嫌になったりする態度が目立つことに，結婚して一緒に暮らしはじめてから気づく。また，予想外のことが起きると声を荒げたり不機嫌になったりするなどの態度が多いことも影響し，結婚して10年目に配偶者とは別居。現在まで10年以上，配偶者から養育費などの支払いはないものの，本人は離婚を希望していない。

別居を機に，子どもを実母に預けて短時間での就労を再開するが，子どもの成長に伴って家計上の理由から非正規雇用だが長時間勤務である事務職へ転職。これまでのいずれの就労場所でも，仕事上の大きなミスや不得意な作業傾向はうかがわれない。

今春からは，前任者が退職したことによって年功序列的に責任者となる。すると，それまで見られなかった不注意なミスが増えはじめ，事務書類上の数字や文字の見間違えのほか，周りから伝えられていたことを忘れている，やるべきことを忘れている，物を置き忘れていることが増える。

家のなかでも，やかんの湯を火にかけたままになっている，洗濯物を洗濯機にかけたまま後で気がつく，家の鍵や携帯電話をいつの間にかどこかに置いて外出直前になって探すために手間取る，ということが増えている。

ある日，勤務日だと思って出勤したもののシフト上では休みであったこと，また以前に訪れたことがある取引先にたどりつくことができずに同じ場所を自転車で何度もぐるぐると迷ったことなどから，事態を深刻にとらえるようになった。折しも若年性認知症の雑誌記事を見たり，またテレビで発達障害に触れる話題が特集されたりしていたことを機に，自分に当てはまることが多いのではないかと気にして，相談に至った。

④　**受診時の様子**
　表情は疲れている様子であるがしっかりとした印象を受け，話は整然としており，質問に逸れた内容を述べることはない。本人は雇用が不安定であるため，たびたび休みを取ることが難しく，このようなミスが増えている原因を早く知りたいという希望を述べる。
　いろいろなエピソードについては，失敗そのものも覚えており思い出せる。しかし，仕事場でのミスについて語る際には記憶が曖昧なことが多い。また，以前とは違う自分の状態に戸惑いを感じているという発言が多い。
　出勤日を間違えたことについて「カレンダーを見間違えただけだと思う。きちんと見たんだけど……」と不安げな表情で語る。また職場でのもの忘れのエピソードの際は，いつの間にか別の従業員Ａの話に変わることが目立つ。その内容とは，周囲のミスを話題に上げて従業員Ａはため息をついたり，ある日には他の人にも見えるようにミスをした書類を机の上に置いたりしていることなどがあったという。確認のために休日に出勤したこととの関係を尋ねると，従業員Ａと間違って出勤したこととは関係がないと語る。目的の場所を見つけられなかったエピソードについて，以前まで道を覚えるのが得意という自負があっただけに，いくら探しても目的の場所にたどりつかなかったことを深刻そうな表情で振り返る。

Ⅱ │ MMPI結果

　MMPIの施行結果については図および表にまとめた。

　検査時の様子は，比較的てきぱきと回答し1時間強で答え終える。回答途中で，検査者の指摘から記載している行のずれに気づいて，1行まるごと修正することが1度見られた。また2～3カ所の記載漏れがあり，これも同様に指摘されて回答する。

　「どちらでもない」と迷いながら答えていることが目立ち，教示を聞いていたにもかかわらず「？」が10カ所回答されている。しかし本人の困惑した様子や戸惑っている様子から，教示と異なった回答をしたという指摘そのものが，教示を守れなかったことに注意を向けさせることになり，さらに自責的になることも考えられたため，本人には指摘していない。また，「アメリカの偉人の違いがよくわからない」ということを回答時に述べている。

　なおMMPIのほか，いくつかの検査も実施している。知能検査からは同年代平均よりも上回ること，記憶面や注意面に特筆すべき結果はないことが示され，神経心理学的検査からは注意の持続に関して若干平均より下回ることが示された以外，自閉症スペクトラム傾向のエピソードもうかがえなかった。

Ⅲ │ MMPI所見

　妥当性尺度は山型の布置（L＝33，F＝68，K＝53）である。本人が現在の困難さを感じていること，自分ではどうにもならないが強い戸惑いを感じているということは観察からもうかがえ，検査結果からもそれが支持される。ただしF尺度は極端に高値となってはおらず，K尺度が適応的な数値を示している。これは，本人が自分の状態を冷静に見つめ，完全ではないものの質問に対して筋道立て

て答えられる様子を支持する結果である。偽装尺度Ds-r（表中には記載されていない／第2章を参照）も56と高くはなく，自分の状態を実際以上に悪く報告している様子はない。

4尺度は70を満たしていないものの，「女性の受動－攻撃のV」傾向がうかがえる。この「女性の受動－攻撃のV」は，相手に罪悪感を抱かせるような方法で自分の意見を主張する傾向を示す。だが，本症例の言葉や態度からは，攻撃的な様子や強い当てつけがましさのようなものは感じられず，他人への警戒的な構えもうかがえない。検査結果および検査時の様子を含めて，不満や自分の意見を外には出さず異なる形で表出しているか，あるいは症状や状態像の変化という形で本人に現れていることが予想された。

ただし，実際以上に自分を悪く見せる構えがないながらも，臨床尺度が総じて高いことには留意を要し，全体的に混乱していることを頭に入れて解釈を行なう必要を認めた。自我強度を示すEsは27と低いこと，またAI＝88，IR＝1.23という結果からは，目の前に見せている姿以上に本人は不安を抱えていることが考えられ，適応状態は本人の見せている姿よりも良くはない可能性を念頭に置くこと

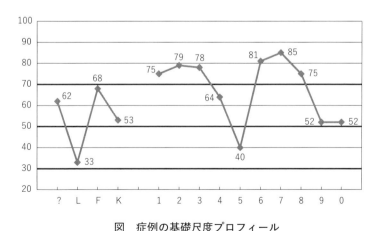

図　症例の基礎尺度プロフィール

表　症例のMMPI結果（指標・追加尺度）

指標・尺度	症例の結果	指標・尺度	症例の結果
主な指標		Pd3（社会的平静）	54
F-K指標	-6	Pd4A（社会的疎外）	65
CLS（不注意尺度）	1	Pd4B（自己疎外）	72
AI（不安指標）	88	**第6尺度の下位尺度**	
IR（内面化比率）	1.23	Pa-O（パラノイア，明瞭）	69
GI（ゴールドバーグ指数）	26	Pa-S（パラノイア，隠蔽）	73
プロフィール上昇度（ME）	73.6	Pa1（被害観念）	68
T%	41	Pa2（神経過敏）	52
追加尺度		Pa3（無邪気）	71
①ハリス・リングース下位尺度および明瞭・隠蔽尺度		**第8尺度の下位尺度**	
第2尺度の下位尺度		Sc1A（社会的疎外）	57
D-O（抑うつ，明瞭）	74	Sc1B（情緒的疎外）	76
D-S（抑うつ，隠蔽）	60	Sc2A（自我統制の欠如，認知面）	81
D1（主観的抑うつ）	80	Sc2B（自我統制の欠如，能動面）	72
D2（精神運動性遅延）	54	Sc2C（自我統制の欠如，抑制困難）	64
D3（身体的不調）	81	Sc3（奇異な感覚体験）	60
D4（精神的沈滞）	79	**第9尺度の下位尺度**	
D5（病的熟考）	77	Ma-O（軽躁病，明瞭）	54
第3尺度の下位尺度		Ma-S（軽躁病，隠蔽）	49
Hy-O（ヒステリー，明瞭）	78	Ma1（道徳欠如）	55
Hy-S（ヒステリー，隠蔽）	56	Ma2（精神運動促進）	48
Hy1（社会不安の否認）	53	Ma3（平静）	59
Hy2（愛情欲求）	50	Ma4（自我膨張）	43
Hy3（疲労・不快）	83	**②代表的な追加尺度**	
Hy4（身体愁訴）	72	A（不安尺度）	60
Hy5（攻撃抑制）	48	R（抑圧尺度）	47
第4尺度の下位尺度		MAS（顕在性不安尺度）	67
Pd-O（精神病質的偏倚，明瞭）	59	Es（自我強度尺度）	27
Pd-S（精神病質的偏倚，隠蔽）	60	Lb（腰痛尺度）	60
Pd1（家庭の不和）	45	Ca（頭頂葉・前頭葉損傷尺度）	58
Pd2（権威問題）	50		

表　症例のMMPI結果（指標・追加尺度）（つづき）

指標・尺度	症例の結果	指標・尺度	症例の結果
Dy（依存性尺度）	59	⑤インディアナ論理尺度	
Do（支配性尺度）	47	I-De（依存性）	49
Re（社会的責任尺度）	58	I-Do（支配性）	55
Pr（偏見尺度）	46	I-DS（解離症状）	54
St（社会的地位尺度）	48	I-OC（強迫性）	42
Cn（統制尺度）	45	I-SC（自己概念）	64
Mt（大学不適応尺度）	69	I-RD（重度現実歪曲）	44
MAC（マックアンドリュー・アルコール症尺度）	47	I-SP（性的問題）	43
O-H（敵意の過剰統制尺度）	57	⑥その他の追加尺度	
③ウィギンス内容尺度		Astvn（女性の自己主張尺度）	33
SOC（社会的不適応）	44	5C（因習性尺度）	50
DEP（抑うつ）	64	E/Cy（皮肉癖尺度）	38
FEM（女性的興味）	60	Ho（クック・メドレー敵意尺度）	46
MOR（意気消沈）	60	S+（極端な猜疑心尺度）	55
REL（信仰上の根本主義）	45	WA（作業態度尺度）	54
AUT（権威葛藤）	37	Pe（小児性愛尺度）	69
PSY（精神病性）	43	Ts（自殺の徴候尺度）	68
ORG（器質性症状）	69	PK（PTSD-Keane尺度）	78
FAM（家庭問題）	43	⑦パーソナリティ障害尺度（Morey et al.）	
HOS（顕在性敵意）	39	HST（演技性パーソナリティ障害）	47
PHO（恐怖症）	50	NAR（自己愛性パーソナリティ障害）	47
HYP（軽躁病）	41	BDL（境界性パーソナリティ障害）	47
HEA（不健康）	73	ANT（反社会性パーソナリティ障害）	49
④トライアン・スタイン・チュークラスター尺度		DEP（依存性パーソナリティ障害）	49
TSC/I（社会的内向性）	46	CPS（強迫性パーソナリティ障害）	59
TSC/B（身体症状）	83	PAG（受動攻撃性パーソナリティ障害）	57
TSC/S（猜疑心・不信感）	45		
TSC/D（抑うつ・無感動）	62		
TSC/R（憤慨・攻撃）	44		
TSC/A（自閉性・分裂思考）	62		
TSC/T（緊張・心労・恐怖）	68		

表　症例のMMPI結果（指標・追加尺度）（つづき）

指標・尺度	症例の結果	指標・尺度	症例の結果
PAR（妄想性パーソナリティ障害）	52	SZD-N（シゾイドパーソナリティ障害）	39
STY（統合失調型パーソナリティ障害）	43	⑧パーソナリティ障害尺度（Levitt et al.）	
AVD（回避性パーソナリティ障害）	52	Ant-LG（反社会性パーソナリティ障害）	48
SZD（シゾイドパーソナリティ障害）	46	Par-LG（妄想性パーソナリティ障害）	53
HST-N（演技性パーソナリティ障害）	43	Nar-LG（自己愛性パーソナリティ障害）	40
NAR-N（自己愛性パーソナリティ障害）	50	His-LG（演技性パーソナリティ障害）	48
BDL-N（境界性パーソナリティ障害）	49	Bdr-LG（境界性パーソナリティ障害）	54
ANT-N（反社会性パーソナリティ障害）	49	Pag-LG（受動攻撃性パーソナリティ障害）	48
DEP-N（依存性パーソナリティ障害）	50	Dep-LG（依存性パーソナリティ障害）	52
CPS-N（強迫性パーソナリティ障害）	59	Obs-LG（強迫性パーソナリティ障害）	54
PAG-N（受動攻撃性パーソナリティ障害）	57	Avd-LG（回避性パーソナリティ障害）	56
PAR-N（妄想性パーソナリティ障害）	53	Sty-LG（失調型パーソナリティ障害）	48
STY-N（統合失調型パーソナリティ障害）	44	StyC-LG（失調型パーソナリティ障害コア）	49
AVD-N（回避性パーソナリティ障害）	57	SzdC-LG（シゾイドパーソナリティ障害コア）	44

150

が必要と感じられた。なおNOS＝81とMOS＝77（フリードマン重複尺度については表中に記載されていない／第2章を参照）のバランスからは，神経症的傾向か適応上の問題が示唆されていると考えられる。

2点コードは76コードであり，緊張や不安が強く過敏な状態がうかがえる。また考え込んで腹を立て，不当な扱いを受けたと感じている状態で，対人関係の混乱や緊張の存在が考えられることも示された。

① 現在の症状面・自己概念について

実際に記憶集中力に関する訴えがあり，症状を否認しているという構えはうかがえない（Dn＝53）（Dnは表中には記載されていない／第2章を参照）。また解離症状については予想されない（I-DS＝54）。

精神面では認知面や能動面においてコントロールができていないという感覚を抱いており，身体的な不調を感じてはいるものの（Sc2A＝81，Sc2B＝72，ORG＝69），仕事上のミスがありながら仕事への意欲は下がっていない（WA＝54）ことは，特徴的であるといえる。

神経心理学的検査など他の検査の結果からは特段の器質的要因の存在はうかがえず，むしろ神経症的傾向あるいは適応上の不調の原因を検討することが必要と考えられた。また本人はそのような様子を見せないながらも，全般的な不調の強さや疲労不快感の強さが存在していることを考慮しておく必要がある（D3＝81，HEA＝73，TSC/B＝83，n03＝81，n04＝88，n07＝73）[注]。

性的な事項に関する問題はうかがえない。ちなみに入院中や服薬中の男性が性的な事項に関する値が高い場合や，危機項目において泌尿器系が高値の場合であれば，服薬に伴う性的な問題を抱えていることが多く，服薬アドヒアランスに関して示唆を与えるものと考

[注] 危機項目については表中には記載されていない（第2章を参照）。nはNicols危機項目を表す。

えられる。しかし，本症例では特筆すべき点はうかがえない。

② 感情・思考面について

身体面以外にも精神的な不調の高さが見られ，現在は気分の落ち込みがうかがえる。気分の落ち込みに限らず，検査結果と，本人が検査時に見せている様子がかけ離れていることは，本症例を理解するうえで大きな情報であり特徴である（D4 = 79，D-O = 74，D1 = 80，kb1 = 75，n15 = 72）[注]。

本検査からは緊張や不安の強さも示されているが，不安を内面に溜め込みやすい傾向が示されており，このことも本人の様子と検査結果の違いを説明する理由のひとつとも思われる。また不安に関しては，物事をどのようにとらえるのかという傾向を検討する必要が考えられた。これは「受動－攻撃のV」傾向に関連していると考えられる。特に被害的に物事をとらえやすい要因として，些細なことでもいろいろと考え込みやすい傾向，周囲への過敏性と照らし合わせて検討する必要がうかがえる（D5 = 77，Pa-S = 73）。

③ 対人態度

他人への敵意や重度の現実歪曲は高くなく，他人に対しては支配的ではない。騒々しい仲間といると落ち着かない傾向がうかがえるが，他人とうまくつきあえないという感覚は抱いていない（Sc1A = 57，Pa1 = 68，I-Do = 55，Pd4B = 72，Mf5 = 67）（Mf5は表中には記載されていない／第2章を参照）。

本人の様子の観察からも，素直で皮肉や他人への敵意はうかがえず，むしろ純朴であるがゆえに傷つきやすい傾向がうかがえる。現在は被害的な考えを抱きやすいことが示されているが，他人への猜疑心は抱きにくいことが推測される。

[注] 危機項目については表中には記載されていない（第2章を参照）。nはNicols危機項目を，KbはKoss and Buicher危機項目を表す。

④ **家族**

「家庭の不和」や「家族間葛藤」はうかがえない。ただし「？」項目を検討すると，父親に関する記載が多いことがわかる。しかし同時に，現在の家族に関する不和や葛藤などではないこともわかる（FAM ＝ 43，Pd1 ＝ 45）。

⑤ **まとめ**

本症例は記憶面の器質的症状について訴えているが，記憶の機能不全などに関して解離症状とは考えにくく，適応あるいは神経症的な問題の存在がうかがえた。またさまざまな形で身体面などの不調があるものの表には出さず，身体面の不調を抱えていることに加えて，気分が晴れないことやうまくいっていないなどの気分的な不調が明らかとなった。一方で，仕事はうまく続けることができるだろう，という気持ちでいることも示された。

自分の意見を控えめに主張する人で，純朴で他人に対する支配性はないことが示されている。しかし現在は他人に対する過敏性が強くなっており，物事を被害的にとらえやすい傾向になっていること，それらが適応上の問題として記憶や注意に関する問題として現れていることがうかがえた。

Ⅳ 検査結果の活用

① **フィードバック**

それぞれの検査の内容を伝え，自分が心配していたような傾向が見られないことを知ると，ほっとした表情に変わった。

そして少し間を置いて本人が次のように話しはじめた。今年に入って子どもを預けている実母に物忘れが目立つようになり，また同居をしている子どもも大変そうだと気づいていたものの，家計面からも仕事を休んだり転職をしたりする選択ができないと考える時間が

MMPIをケースでまなぼう！ 第4章 **153**

増えていたという。また子どもに学業成績低下が見られ，学校から「子どもと接する時間が少ない」ことを指摘されてさらにショックを受けていたこと，ただし子どもの進学の夢を叶えるためには仕事は辞められないことに苦しんでいたと振り返る。

また職場の同僚Aについて，今年から初めて一緒に仕事を始めたものの気に入らないことがあると業務の効率を落としたり，連絡事項の内容そのもののニュアンスが変わったりしてしまうため，自分を含めて職場の雰囲気が良くなくなっていること，周囲のミスをあげつらうような態度が見られて悩んでいたと語る。

最後に，検査前には言わなかったことが，これまでの自分のエピソードを語った。自分の父親は死の原因が不慮の事故であったとはいえ，自分自身が進路選択や就職先，さらには結婚などの折に，母子家庭として育ったことが陰を落とし，いろいろなことをあきらめざるをえないことがあったという。今は時代が変わったが，自分の子どもには同じ思いをさせたくない気持ちが強く，そのためにはせめて両親が同じ籍に入っていることを選んでいる，と語った。そして母親には非常に感謝をしているということも語った。

② フィードバック以降の経過

フィードバック以降，あらためて継続して関わってはいない。

その後，本症例は知り合いの伝手で転職をする。検査を受けていた際にはすでに，選択肢のひとつとして心のなかにあったという。振り返ると，このことは本人の強みでもあり，仕事について悲観的になっていなかった理由とも考えることができる。

転職の際には，これまでの仕事ぶりから，新しい職場も快諾をしたとのことである。転職後には新しい仕事もすぐに覚え，みるみるうちに以前のようにミスなく仕事をこなすようになり，「元に戻った」と聞いている。

人は語らないことは多く，それは本人の意思でそうしていることも多い。語られた内容だけで本人を理解しようとすることには限界

がある。本症例でも，純朴であるがゆえに同僚Aについて詳細を語ることを逡巡していた様子が，検査前後で見られた。MMPIはそのような場合でも，本人を映し出す多くの示唆を与えてくれる。また，MMPI検査を含めた文脈のなかで，本人が自分を振り返ることができた様子も感じられた。

症例③ 心因性非てんかん性発作(PNES)と
診断された症例——MMPIとテストバッテリーの意義

岡村由美子

荒川和歌子

I │ 症例の概要

① **症例：40歳代前半，男性**

② **診断：心因性非てんかん性発作（PNES）[注]，双極Ⅱ型障害**

③ **経過**

　　両親は本人が幼少期より不仲で，父親にはギャンブルやアルコールへの依存，暴力の問題が見られ，母親はパートで働き家族を支えていたが，本人の成人前に両親は離婚した。高校卒業後は奨学金を得て大学に進学したが，「周囲の浮いた雰囲気」に疑問をもち，入学してまもなく中退してアルバイト生活となった。次第に強い眠気と「心と体が連動せず思ったように体が動かない」状態になり，X-15年に心療内科を受診。大うつ病という診断によりパロキセチンとメチルフェニデートを含む薬物治療が開始され，慢性的な眠気が残るものの，再就職するまでに回復した。次第に仕事が長続きするようになったが，1日に3時間程度しか眠れない日が続く時期もあった。X-10年頃から誘因や前兆なく，年に数回，突然倒れる意識消失発作が生じるようになった。ナルコレプシーが疑われてメチルフェニデートの処方が再開されたが，いくつかの医療機関で精査した結果，てんかんやナルコレプシーは否定された。救急搬送や頭部外傷も頻回となり，てんかんの疑いもぬぐえず本人は困惑し，発作がてんかんなのか心因性非てんかん性発作（PNES）なのか診断を確定する目

[注] psychogenic non-epileptic seizures。てんかん発作と似た症状を示すが，脳波所見やてんかんの根拠となるような臨床所見がなく，背景に心理学的要因が示唆される発作である。従来は「偽発作」「疑似発作」「ヒステリー発作」などの名称が使用されることもあったが，医療者側のネガティブな価値判断が含まれているという批判があり，使用を控えるべきと考えられている（兼本ほか，2009）。単一の疾患ではなく，その背景はさまざまであり，精神医学的には転換性障害や解離性障害，身体表現性障害などに診断分類されるものから構成される疾患群である。初発から診断までは，平均7年かかると報告され（Reuber et al., 2002），この間，患者の多くは適切な治療が行なわれずに，本来不必要な抗てんかん薬で治療され，認知機能低下や眠気などのさまざまな副作用に悩み，QOLが低下する。

的で，X年に当院を初診し検査入院となった。長時間ビデオ脳波，MRI，SPECT，PET，脳磁図などを行った結果，上記診断に至り，ラモトリギンの処方を開始しリスペリドン追加となった。その後，薬物療法は難渋し，精神療法的関わりを重視した治療を行なっている。本章において提示する心理検査は，検査入院時に施行されたものである。テストバッテリーは，WAIS-III（ウェクスラー成人知能検査），WMS-R（ウェクスラー記憶検査），ロールシャッハ・テスト，SCT（精研式 文章完成法テスト），MMPIであった。描画テストの実施は本人から拒否され，SCTは退院日の朝にようやく提出された。なお，本人には意義を説明して文面でも同意を得ており，個人が特定される情報公開は避けて匿名化している。

II MMPI結果

MMPIの試行結果については図1および表にまとめた。

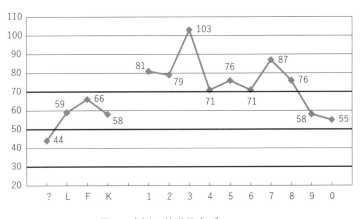

図1　症例の基礎尺度プロフィール

表 症例のMMPI結果（指標・追加尺度）

指標・尺度	症例の結果	指標・尺度	症例の結果
主な指標		Pd3（社会的平静）	64
F-K指標	-6	Pd4A（社会的疎外）	69
CLS（不注意尺度）	2	Pd4B（自己疎外）	74
AI（不安指標）	70	**第6尺度の下位尺度**	
IR（内面化比率）	1.06	Pa-O（パラノイア，明瞭）	61
GI（ゴールドバーグ指数）	16	Pa-S（パラノイア，隠蔽）	68
プロフィール上昇度（ME）	78.3	Pa1（被害観念）	61
T%	41	Pa2（神経過敏）	78
追加尺度		Pa3（無邪気）	51
①ハリス・リングース下位尺度および明瞭・隠蔽尺度		**第8尺度の下位尺度**	
第2尺度の下位尺度		Sc1A（社会的疎外）	59
D-O（抑うつ，明瞭）	75	Sc1B（情緒的疎外）	75
D-S（抑うつ，隠蔽）	59	Sc2A（自我統制の欠如，認知面）	87
D1（主観的抑うつ）	77	Sc2B（自我統制の欠如，能動面）	69
D2（精神運動性遅延）	67	Sc2C（自我統制の欠如，抑制困難）	49
D3（身体的不調）	62	Sc3（奇異な感覚体験）	61
D4（精神的沈滞）	82	**第9尺度の下位尺度**	
D5（病的熟考）	68	Ma-O（軽躁病，明瞭）	53
第3尺度の下位尺度		Ma-S（軽躁病，隠蔽）	56
Hy-O（ヒステリー，明瞭）	91	Ma1（道徳欠如）	62
Hy-S（ヒステリー，隠蔽）	72	Ma2（精神運動促進）	45
Hy1（社会不安の否認）	64	Ma3（平静）	62
Hy2（愛情欲求）	64	Ma4（自我膨張）	53
Hy3（疲労・不快）	87	**②代表的な追加尺度**	
Hy4（身体愁訴）	86	A（不安尺度）	69
Hy5（攻撃抑制）	69	R（抑圧尺度）	60
第4尺度の下位尺度		MAS（顕在性不安尺度）	74
Pd-O（精神病質的偏倚，明瞭）	57	Es（自我強度尺度）	20
Pd-S（精神病質的偏倚，隠蔽）	69	Lb（腰痛尺度）	76
Pd1（家庭の不和）	51	Ca（頭頂葉・前頭葉損傷尺度）	71
Pd2（権威問題）	49		

表　症例のMMPI結果（指標・追加尺度）（つづき）

指標・尺度	症例の結果	指標・尺度	症例の結果
Dy（依存性尺度）	64	⑤インディアナ論理尺度	
Do（支配性尺度）	55	I-De（依存性）	65
Re（社会的責任尺度）	63	I-Do（支配性）	58
Pr（偏見尺度）	53	I-DS（解離症状）	54
St（社会的地位尺度）	60	I-OC（強迫性）	60
Cn（統制尺度）	55	I-SC（自己概念）	56
Mt（大学不適応尺度）	65	I-RD（重度現実歪曲）	72
MAC（マックアンドリュー・アルコール症尺度）	45	I-SP（性的問題）	39
O-H（敵意の過剰統制尺度）	60	⑥その他の追加尺度	
③ウィギンス内容尺度		Astvn（女性の自己主張尺度）	37
SOC（社会的不適応）	50	5C（因習性尺度）	62
DEP（抑うつ）	75	E/Cy（皮肉癖尺度）	45
FEM（女性的興味）	72	Ho（クック・メドレー敵意尺度）	53
MOR（意気消沈）	67	S+（極端な猜疑心尺度）	57
REL（信仰上の根本主義）	34	WA（作業態度尺度）	71
AUT（権威葛藤）	44	Pe（小児性愛尺度）	43
PSY（精神病性）	63	Ts（自殺の徴候尺度）	71
ORG（器質性症状）	78	PK（PTSD-Keane尺度）	79
FAM（家庭問題）	48	⑦パーソナリティ障害尺度（Morey et al.）	
HOS（顕在性敵意）	46	HST（演技性パーソナリティ障害）	48
PHO（恐怖症）	58	NAR（自己愛性パーソナリティ障害）	55
HYP（軽躁病）	51	BDL（境界性パーソナリティ障害）	49
HEA（不健康）	60	ANT（反社会性パーソナリティ障害）	43
④トライアン・スタイン・チュークラスター尺度		DEP（依存性パーソナリティ障害）	62
TSC/I（社会的内向性）	43	CPS（強迫性パーソナリティ障害）	67
TSC/B（身体症状）	75	PAG（受動攻撃性パーソナリティ障害）	66
TSC/S（猜疑心・不信感）	54		
TSC/D（抑うつ・無感動）	78		
TSC/R（憤慨・攻撃）	48		
TSC/A（自閉性・分裂思考）	72		
TSC/T（緊張・心労・恐怖）	73		

表　症例のMMPI結果（指標・追加尺度）（つづき）

指標・尺度	症例の結果	指標・尺度	症例の結果
PAR（妄想性パーソナリティ障害）	59	SZD-N（シゾイドパーソナリティ障害）	56
STY（統合失調型パーソナリティ障害）	57	⑧パーソナリティ障害尺度（Levitt et al.）	
AVD（回避性パーソナリティ障害）	54	Ant-LG（反社会性パーソナリティ障害）	47
SZD（シゾイドパーソナリティ障害）	59	Par-LG（妄想性パーソナリティ障害）	54
HST-N（演技性パーソナリティ障害）	53	Nar-LG（自己愛性パーソナリティ障害）	61
NAR-N（自己愛性パーソナリティ障害）	56	His-LG（演技性パーソナリティ障害）	72
BDL-N（境界性パーソナリティ障害）	58	Bdr-LG（境界性パーソナリティ障害）	69
ANT-N（反社会性パーソナリティ障害）	41	Pag-LG（受動攻撃性パーソナリティ障害）	60
DEP-N（依存性パーソナリティ障害）	64	Dep-LG（依存性パーソナリティ障害）	66
CPS-N（強迫性パーソナリティ障害）	64	Obs-LG（強迫性パーソナリティ障害）	57
PAG-N（受動攻撃性パーソナリティ障害）	66	Avd-LG（回避性パーソナリティ障害）	54
PAR-N（妄想性パーソナリティ障害）	60	Sty-LG（失調型パーソナリティ障害）	59
STY-N（統合失調型パーソナリティ障害）	67	StyC-LG（失調型パーソナリティ障害コア）	58
AVD-N（回避性パーソナリティ障害）	54	SzdC-LG（シゾイドパーソナリティ障害コア）	58

Ⅲ｜MMPI解釈手順

　　読者の理解に役立つように，以下，本書第3章の内容に沿った解釈手順を示す。

1　妥当性尺度

　　検査に対する態度・基本的な構えから，妥当性あるプロフィールであることが示唆された。

　　プロフィールは山型（逆Ｖ字型）であるが，Ｆ尺度の上昇はそれほど大きくなく，Ｋ尺度がやや高い。悩みを抱え，自己批判的で心理的に不安定な面があるが（Ｆやや高），対処能力もそれなりに高いことがうかがえる（Ｋやや高）。心理的問題は表向きにはそれほど目立たないものの，防衛性が高い可能性もあり（Ｋやや高），追加尺度の結果も参照する必要がある。また，世慣れておらず物事に白黒つけたい人であり，複雑な世の中に慣れていない面もあると思われる（Ｌやや高）。道徳的な価値基準に対するこだわりがあるようだ。妥当性尺度と臨床尺度の全体的なバランスを見ると，Ｆ尺度の高さに対して臨床尺度が全体的に上昇しているのが目立つ。よって，被検者が慢性的に問題を抱えることに慣れており，病理の重篤さがＦ尺度に反映されていない可能性もある。症例は日常生活や仕事にはある程度適応しているものの，長らく発作が止まらず頭部外傷が見られるまでになっている。病態水準については，追加尺度の結果も参照しながら，より慎重に検討していく必要がある。

　　妥当性尺度の解釈をまとめると，妥当性あるプロフィールであったといえる。道徳的な価値観を重視し，自分を好ましく見せたい人であり，時に否認傾向はあるかもしれない。自らをネガティブにとらえており，心理的苦痛が強まり，自己批判的になっている面も窺えるが，表向きはそれほど目立たないだろう。物事に対処する力を有しており，良くも悪くも慢性的に問題を抱えることに慣れているよう

だが，実際は自覚しているよりも病理が重篤である可能性もある。

2 **臨床尺度**（図2）
(1) 妥当性尺度と臨床尺度のバランス
　既述のようにF尺度がそれほど上昇していないにもかかわらず臨床尺度が高い（臨床尺度の上昇は高いF尺度によるものではない）ため，病態はより重篤な可能性がある。

(2) 臨床尺度の全体的なプロフィール
　①神経症尺度と精神病尺度のバランス
　神経症尺度（第1，2，3尺度）のまとまりと精神病尺度（第6，7，8尺度）のまとまりを比較すると，特に第3尺度の高さが目立ち，被検者の問題はより神経症的なものである可能性が示唆された。しかし精神病尺度群も決して低い値ではないため，各尺度の値をより詳しく見ていく必要がある。

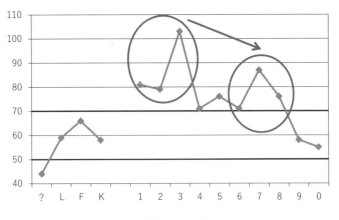

図2　臨床尺度のプロフィール

②神経症尺度（第1，2，3尺度）のプロフィール

　プロフィールは谷型に近い。抑圧傾向が強く，心理的な葛藤が別の形で表現されやすいことや，好かれたい・認められたい気持ちの強さがうかがえる（第3尺度＝103と非常に高い）。また，心配しやすく体へのこだわりがあるなど心気症的な面があること（第1尺度＝81と高い），抑うつ感が強いこと（第2尺度＝79と高い）も示唆された。

③精神病尺度（第6，7，8尺度）のプロフィール

　プロフィールははっきりとした山型であった。感受性があり敏感でやや猜疑的になりやすい面や（第6尺度＝71），抽象的・非現実的思考や風変わりな傾向，疎外感もうかがえる（第8尺度＝76）ものの，3つの尺度のバランスを見ると第7尺度が最も高い。よって，いろいろなことが気になり神経質・几帳面で，不安・緊張が強いものの，現実感を保っている人であり，第6，8尺度で示されるような現実検討の低さにつながるような，より精神病的な問題は表向き目立たないであろうことがうかがえる。

(3) 特定の尺度布置に該当するか否か

　「転換V」「パラノイドの谷」ともに該当しなかった（男性例であるため「受動－攻撃のV」にも該当しない）。ただし，転換Vに近い谷型を示しており，心理的葛藤を何らかの症状に置き換えて表現する傾向が多少あるかもしれない。

(4) その他の臨床尺度

　①第4尺度＝71：怒りや主張性が強いものの，他の臨床尺度に対してそれほど高くないため，あまり目立たないであろう。

　②第5尺度＝76：女性的で受け身的，主張が苦手な人であることが推測される。教育的，文化的背景から第5尺度が上昇しているとは考えにくく，むしろ自身の男性性に対する葛藤を反映している可

能性がある。この点については追加尺度とあわせて検討する必要がある。

③第9尺度＝58：絶対値としては平均よりやや高いものの，全体のバランスから見ると低めである。よって，エネルギーがないわけではないのだが，他の尺度で表されるような症状にエネルギーを奪われてしまっている状態なのかもしれない。

④第0尺度＝55：特に内向的ではなく，人とはある程度関われることが推測される。

(5) 2点コードによる解釈

2点コードは37コードであった（図3）。このコードの解釈としては「緊張，不安，不眠，慢性的な不快感，その他の心身症的愁訴と，能力以下の学業成績をとることなどが関連している。不全感と結合した未解決の依存欲求がこれらの症状の根底にあることが多い。しかしながら，これらの人たちは抑圧を用い，そのためにひどく洞察を欠き，心理的問題が存在することを否認するだろう」とある (Friedman et al., 1989)。

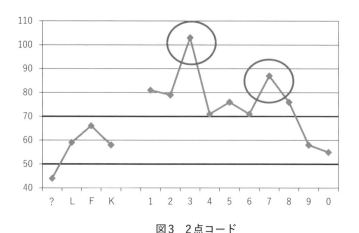

図3　2点コード

これまでの解釈とあわせると，①不安に関連した身体症状を含むさまざまな症状とそれによる機能低下，②非主張的で依存的な傾向，③抑圧・否認傾向が被検者の特徴として採用できる。

③ 主な指標・追加尺度

(1) 主な指標

- AI（不安指標）＝高，ME（プロフィール上昇度）＝高，GI（ゴールドバーグ指数）＝低：不安が強いことがうかがえる。GIは低い一方，プロフィール上昇度が高く，精神病水準の混乱は否定しきれない。

(2) 臨床尺度の精査——ハリス・リングース下位尺度／明瞭・隠微尺度

①第2尺度

- D-O > D-S，D4＝非常に高，D1＝非常に高：主観的抑うつが強く，抑うつ感をよく自覚している。認知的な機能（考えたり決定したりすること）や集中，記憶に不調感・不満が強い。

②第3尺度

- Hy-O > Hy-S，Hy3＝非常に高，Hy4＝非常に高：ヒステリー傾向をより自覚している。精神的・身体的な疲労感・不全感が強く，注目を必要としていることや，感情の抑圧が身体的愁訴と関連していることが推測される。
- Hy1＝高，Hy2＝高，Hy5＝高：社会的な場面での不安は強くなく，他者から好意的な注目を得ようとする傾向が強い。敵意や攻撃性は抑制しがちであり，他者に合わせる傾向がある。

③第4尺度

- Pd4AおよびPd4B＝高，Pd3＝高：社会的疎外感，および自己についての不満，つまり内面的な疎外感（自分自身を認められない・受け入れられない感じ）が強い。一方，社会的場面での不安は強

くない。

④第6尺度

• Pa2 ＝非常に高，Pa1 ＝やや高：自分は過敏で情緒的に傷つきやすいと感じている。被害的な考え方をする傾向がある。

⑤第8尺度

• Sc2A ＝非常に高，Sc1B ＝高，Sc2B ＝高：認知的な機能（考えたり決定したりすること）や集中，記憶に不調感・不満が強い。単にうまく働いていないと感じているだけではなく，脅威を感じるほどに調子がおかしいと感じている可能性が高い。建設的に行動する動機づけにも問題がある。内面的で情緒的な疎外感（自分自身を認められない・受け入れられない感じ）も強い。

⑥第9尺度

• Ma1 ＝やや高，Ma3 ＝やや高：やや利己的で，人生を勝ち負けで考えがちな傾向がある。社会的場面での不安は強くない。

（3）代表的な追加尺度

• AおよびR ＝高，Lb ＞ Ca，MAS ＝高：腰痛をはじめとする身体の不調を訴える傾向が強く，身体症状には心理的な問題が関係している。Caも高く身体症状・精神症状ともに表しやすいが，どちらかというと身体症状に表しやすい傾向がある。不安や緊張にとらわれやすい。
• Es ＝非常に低（Kとの差が大きい）：Kが中程度に高いにもかかわらず，問題に対処する能力に乏しい可能性がある。かなり不安定なレベルで機能していることが推測される。
• O-H ＝やや高：強い攻撃衝動とその表出に対する強い抑制との葛藤がある可能性がある。

（4）ウィギンス内容尺度
- ORG ＝高，DEP ＝高，FEM ＝高，MOR ＝高：さまざまな感覚的，運動的，身体的な不調感・不快感が強く，日常のことがうまくできないと感じている。罪悪感，心配・不安，喜びの低下，意欲の低下，自己評価の低さといった特徴が見られ，抑うつ的である。伝統的に女性的とされてきた活動を好む傾向がある。
- PSY ＝やや高：妄想に関連するような精神病症状が認められる。ただし疎外感の尺度の高さが関係しているかもしれない。

（5）トライアン・スタイン・チュークラスター尺度
- TSC/D ＝高，TSC/B ＝高，TSC/A ＝高，TSC/T ＝高：ここでも抑うつ的傾向，身体症状の強さ，身体的健康に対する不安や緊張の強さが示唆された。普通とは異なる自閉的な考え方をする傾向もある。

（6）インディアナ論理尺度
- I-RD ＝高，I-OC ＝やや高：妄想や幻覚が存在し，精神病である可能性が高い。ちなみに I-DS は平均的な値であり，解離的な症状は明らかではない。強迫的な症状の存在がうかがえた。

（7）その他の追加尺度
- WA ＝高，Ts ＝高，PK ＝高：主観的な無能力感が強く，自分の置かれた環境で生産的に課題をこなす力を失ったという感覚，認知的・知的な力量が衰え，意欲が減退している感じが強いことがうかがえた。T ＝ 70 以上ではあるが，Cn は低得点ではないため，入院や投薬がそれほど危急であるわけではないことがうかがえた。そのほか，自殺のリスクがやや高いことから，何らかのトラウマ体験の存在が示唆された。

（8）パーソナリティ障害尺度（Morey et al.）

　　T＝70を超える尺度はなかったが，CPS（強迫性パーソナリティ障害），STY-N（統合失調症型パーソナリティ障害），PAG（受動攻撃性パーソナリティ障害），PAG-N（受動攻撃性パーソナリティ障害）が高値であった。

（9）パーソナリティ障害尺度（Levitt et al.）

　　His-LG（演技性パーソナリティ障害）が高値であった。

Ⅳ｜MMPI所見

① 主な問題と病態水準

　　不安感および抑うつ感が強く，不安に関連したさまざまな身体的愁訴と認知的機能の低下が特徴である。抑圧・否認傾向が強く，根底にある心理的問題は社会的により受け入れられやすい身体症状に形を変えて表面化するため，洞察力に乏しい可能性が高い。他者から好意的な評価を得たい，承認されたいという欲求が非常に強く，特に怒りの感情については過度に統制されていることが推測される。明らかに精神病圏の病態を示す結果ではないものの，精神病症状を示す証拠がいくつか認められ，重篤な精神病理を抱えている可能性も否定できない。激しい身体症状や強迫的な症状が，明白な精神病状態への移行を食い止めているのかもしれない。自殺のリスクもやや高い。

② 対人様式

　　既述のように，他者から好意的な評価を得たい，承認されたいという欲求が非常に強く，対人様式は非主張的で依存的である。不安感および抑うつ感が強く，社会的にも内面的にも疎外感を抱えている一方で，社会的場面での不安感が強くない（社会的場面では気楽

に振る舞えるところがある）ことが症例の特徴である。引きこもらず外に出て行く傾向があり，これは社会的な適応力にもつながるが，症例の認知機能不全の程度と考え合わせると，かなりアンバランスな印象がある。社交性・外向性の指標には該当しておらず，社会的不安を否認しているのかもしれない。内的には非常に不安定なレベルで機能していることが推測される。

③ パーソナリティ傾向

被害的，猜疑的になりやすいという面も多少あるようだが，基本的には素朴で世慣れておらず，道徳的価値観を重んじる純朴な人である。他者・世間を良いものとしてとらえようとする傾向があり，怒りは抑圧・否認される。しかし，道徳的価値観については葛藤も強いようだ。つまり，自分が道義的に正しい人間であるという自己知覚を維持しようとしていると同時に，不道徳な社会のなかで道義性が保障されることはなさそうだと感じて悩んでいる可能性がある。

また伝統的に女性的とされてきた活動を好む傾向，非主張的，受け身的な傾向などから，やや女性的なパーソナリティ傾向がうかがわれる。自らの男性性に問題を抱えている可能性もあるが，性的問題と関連する尺度は高くないため，この点は臨床像とあわせて慎重に検討する必要がある。

V 他の心理検査結果

① WAIS-III および A-ADHD

WAIS-III では，全体として平均前後であったが，ややばらつきが認められた。処理速度と作動記憶は良好で，数字や記号の処理は非常に得意である一方で，長期記憶，社会的場面の読み取り，統合的な把握は不得手である可能性がうかがえた。

A-ADHD（成人期 ADHD 自己評価尺度）を施行したところ，高い

ADHDおよびADD傾向が示唆され，二次障害も認められた。

2 ロールシャッハ・テストおよびSCT

　ロールシャッハ・テストでは，反応数が少なくリテストとなったが，1回目と2回目の結果が大きく異なっており，2回目は精神病水準の退行が頻繁に認められた。普段はマニックに防衛しているものの，弱い自分をつきつけられると怒りが生じて自我状態が急速に変わり，精神病的な混乱や解離症状が生じやすいのかもしれない。認知は漠然とし，思考は障害され，知覚は混乱し，現実適応力が著しく低下するようであった。希死念慮は強く自殺の可能性指標が非常に高値であり，SCTにも希死念慮が記されていたため注意を要する。また，対処力不全のために反応性に抑うつ状態に陥りやすいことや，対人関係でも非常に傷つきやすく，自分が傷つかないようにするために多大なエネルギーを割いており，緊張が強い状態もうかがえた。依存的だが，怒りや傷つきが強いため，気持ちを許すと不快感や怒りが出てきて他者からのケアを受けにくく，こうした依存へのアンビバレンスは，治療関係におけるケアや依存の得られにくさにつながっていたのかもしれない。

VI | 検査結果の活用

　結果のフィードバックは2回にわたって行なわれた。初回は自分の特徴について理解しはじめ，2回目は解離症状や希死念慮などこれまで心理的に隔離されていた葛藤や不安が語られるなど，客観的に自己理解し，治療関係および治療の進展につながるきっかけとなった。MMPIは，選択式で回答しやすく，結果はグラフ化・数値化されているため，明確でニュートラルに理解しやすく，自己表現や内省に困難を抱える方に対しては受け入れやすかったように思われた。第3尺度が高い人に対して自己理解や内省を促すには，MMPIが有

効である可能性がうかがえた。

　テストバッテリーでは，ロールシャッハ・テストにおいてより重度の病理が示唆された。MMPIとロールシャッハ・テストは，検査としての構造化の度合いが異なり，本症例はFinn（1996）の言う「MMPIは障害されていないがロールシャッハ・テストが高度に障害されている組み合わせ」に近いと思われる。非対人的で馴染みがあり，知的資質を利用できる状況ではある程度機能することができるが，情動喚起的，退行促進的，対人的な非構造的な状況では防衛しきれないという両側面が，MMPIとロールシャッハ・テストによって示されたと思われる。テストバッテリーを組むことによって，こうした多面性がより鮮やかに示され，その意義は大きいと思われた。

文献

Finn, S.E. (1996) Manual for Using the MMPI-2 as a Therapeutic Intervention. Minneapolis : University of Minnesota Press.（田澤安弘・酒木 保＝訳（2007）MMPIで学ぶ心理査定フィードバック面接マニュアル．金剛出版）

Friedman, A.F., Webb, J.T., & Lewak, R. (1989) Psychological Assessment with the MMPI. New Jersey : Lawrence Erlbaum Associates.（MMPI新日本版研究会＝訳（1999）MMPIによる心理査定．三京房）

兼本浩祐ほか（2009）心因性非てんかん性発作（いわゆる偽発作）に関する診断・治療ガイドライン．てんかん研究26-3 ; 478-482.

Reuber, M. et al. (2002) Diagnostic delay in psychogenic nonepileptic seizures. Neurology 58-3 ; 493-495.

索　引

指標・尺度名

●
？尺度 6
●
5C（因習性尺度）..... 88, 112, 138, 149, 161
●
A（不安尺度）.......... 88, 102, 137, 148, 160
Ad（症状の自認）.................................... 56
AI（不安指標）..... 52, 87, 90, 91, 137, 148,
160, 167
ANT（反社会性パーソナリティ障害）
.... 89, 114, 138, 149, 161
Ant-LG（反社会性パーソナリティ障害）
.... 89, 116, 139, 150, 162
As（アレキシサィミア）........................ 58
Astvn（女性の自己主張尺度）.............. 57,
88, 112
AUT（権威葛藤）..... 88, 105, 139, 149, 161
AVD（回避性パーソナリティ障害）...... 89,
114
Avd-LG（回避性パーソナリティ障害）
.... 89, 116, 117, 139, 150, 162
●
BDL（境界性パーソナリティ障害）
.... 58, 89, 114, 138, 149, 161
Bdr-LG（境界性パーソナリティ障害）
.... 89, 116, 139, 150, 162
●
Ca（頭頂葉・前頭葉損傷尺度）....... 88, 102,
137, 148, 160
CLS（不注意尺度）..... 58, 87, 90, 137, 148,
160

Cn（統制尺度）........ 88, 103, 138, 149, 161
CPS（強迫性パーソナリティ障害）...... 89,
114, 161, 170
●
D（抑うつ）... 75
D1（主観的抑うつ）......... 87, 137, 148, 160
D2（精神運動性遅延）...... 87, 92, 137, 148,
160
D3（身体的不調）........... 87, 137, 148, 160
D4（精神的沈滞）........... 87, 137, 148, 160
D5（病的熟考）......... 87, 92, 137, 148, 160
DEP（依存性パーソナリティ障害）...... 89,
138, 149, 161
DEP（抑うつ）............... 88, 138, 149, 161
Dep-LG（依存性パーソナリティ障害）
.... 89, 139, 150, 162
Dn（症状の否認）.................................... 56
Do（支配性尺度）........... 88, 138, 149, 161
D-O（抑うつ，明瞭）....... 87, 137, 148, 160
D-S（抑うつ，隠蔽）....... 87, 137, 148, 160
Ds-r（偽装）... 58
Dy（依存性尺度）............................ 88, 161
D尺度 31, 76
●
E/Cy（皮肉癖尺度）................ 88, 112, 138,
149, 161
Es（自我強度尺度）... 53, 88, 137, 148, 160
●
FAM（家庭問題）............. 88, 138, 149, 161
Fb 16
FEM（女性的興味）......................... 88, 104
F-K指標（偽装指標）.......... 52, 87, 91, 137,
148, 160

175

F尺度 6

●

GI（ゴールドバーグ指数）..... 87, 137, 148, 160, 167

●

HEA（不健康）................. 88, 138, 149, 161
His-LG（演技性パーソナリティ障害）
.... 89, 139, 150, 162, 170
Ho（クック・メドレー敵意尺度）.......... 88, 112, 161
HOS（顕在性敵意）........ 88, 138, 149, 161
Hs（心気症）.................................... 75
HST（演技性パーソナリティ障害）...... 89, 114, 138, 149, 161
Hs尺度 31, 76
Hy（ヒステリー）.................................... 75
Hy1（社会不安の否認）... 87, 137, 148, 160
Hy2（愛情欲求）.............. 87, 137, 148, 160
Hy3（疲労・不快）........... 87, 137, 148, 160
Hy4（身体愁訴）.............. 87, 137, 148, 160
Hy5（攻撃抑制）.............. 87, 137, 148, 160
Hy-O（ヒステリー，明瞭）...................... 87
HYP（軽躁病）................. 88, 138, 149, 161
Hy-S（ヒステリー，隠蔽）...................... 87
Hy尺度 31, 76

●

I-De（依存性）................. 88, 138, 149, 161
I-Do（支配性）................. 88, 138, 149, 161
I-DS（解離症状）.............. 88, 138, 149, 161
Ie（知的効率）.................................... 58
I-OC（強迫性）................. 88, 138, 149, 161
IR（内面化比率）........ 52, 87, 90, 137, 148, 160
I-RD（重度現実歪曲）..... 88, 138, 149, 161
I-SC（自己概念）.............. 88, 138, 149, 161
I-SP（性的問題）.............. 88, 138, 149, 161

●

K尺度 6
　——による修正点 47
　——の粗点による修正（K修正）...... 31, 91

●

Lb（腰痛尺度）................. 88, 137, 148, 160

L尺度 6

●

Ma（軽躁病）.................................... 75
Ma1（道徳欠如）............. 87, 137, 148, 160
Ma2（精神運動促進）...... 87, 137, 148, 160
Ma3（平静）................... 87, 137, 148, 160
Ma4（自我膨張）............. 87, 137, 148, 160
MAC（マックアンドリュー・アルコール症尺度）....... 14, 53, 88, 103, 138, 149, 161
MAD（顕在性不安−防衛）..................... 58
Ma-O（軽躁病，明瞭）..... 87, 137, 148, 160
Ma-S（軽躁病，隠蔽）..... 87, 137, 148, 160
MAS（顕在性不安尺度）........ 88, 137, 148, 160
Ma尺度 31, 76
Mf（男性性・女性性）........................ 75
Mf1（自己愛・過敏性）........................ 56
Mf2（典型的女性興味）........................ 56
Mf3（典型的男性興味の否認）.............. 56
Mf4（異性愛への不快・受動性）.............. 56
Mf5（内省的・批判的）........................ 56
Mf6（社会的隠遁）............................. 56
Mf尺度 31, 76
MOR（意気消沈）........... 88, 138, 149, 161
MOS（不適応重複）............................. 57
Mt（大学不適応尺度）.......................... 88

●

N（正常性）.................................... 58
NAR（自己愛性パーソナリティ障害）
.... 89, 114, 138, 149, 161
Nar-LG（自己愛性パーソナリティ障害）
.... 89, 139, 150, 162
NOS（神経症重複）............................. 57

●

Obs-LG（強迫性パーソナリティ障害）
.... 89, 139, 150, 162
O-H（敵意の過剰統制尺度）................... 88
ORG（器質性症状）......... 88, 138, 149, 161

●

Pa（パラノイア）.................................... 75
Pa1（被害観念）......... 87, 94, 137, 148, 160
Pa2（神経過敏）......... 87, 95, 137, 148, 160
Pa3（無邪気）......... 87, 95, 137, 148, 160

PAG（受動攻撃性パーソナリティ障害）
.... 89, 114, 138, 149, 161, 170
Pag-LG（受動攻撃性パーソナリティ障害）
.... 89, 139, 150, 162
Pa-O（パラノイア，明瞭）....... 87, 94, 137, 148, 160
PAR（妄想性パーソナリティ障害）...... 89, 114, 139, 150, 162
Par-LG（妄想性パーソナリティ障害）
.... 89, 139, 150, 162
Pa-S（パラノイア，隠蔽）...... 87, 137, 148, 160
Pa尺度 31, 76
Pd（精神病質的偏倚，精神病質）........... 75
Pd1（家庭の不和）.......... 87, 137, 148, 160
Pd2（権威問題）.............. 87, 137, 148, 160
Pd3（社会的平静）.......... 87, 137, 148, 160
Pd4A（社会的疎外）....... 87, 137, 148, 160
Pd4B（自己疎外）........... 87, 137, 148, 160
Pd-O（精神病質的偏倚，明瞭）..... 87, 137, 148, 160
Pd-S（精神病質的偏倚，隠蔽）...... 87, 137, 148, 160
Pd尺度 31, 76
Pe（小児性愛尺度）........ 88, 112, 138, 149, 161
PHO（恐怖症）......... 88, 112, 138, 149, 161
PK（PTSD-Keane尺度）......... 89, 112, 138, 149, 161
POS（精神病重複）.................................. 57
Pr（偏見尺度）................ 88, 138, 149, 161
PSY（精神病性）............. 88, 138, 149, 161
Pt（精神衰弱，強迫神経症）................... 75
Pt尺度 31, 76
●
R（抑圧尺度）.................. 88, 137, 148, 160
Re（社会的責任尺度）..... 88, 103, 138, 149
REL（信仰上の根本主義）..... 88, 138, 149, 161
R-S（抑圧－鋭敏化）.............................. 58
●
S+（極端な猜疑心尺度）........ 88, 112, 138, 149, 161

Sc（精神分裂病）.................................. 75
Sc1A（社会的疎外）........ 87, 137, 148, 160
Sc1B（情緒的疎外）......... 87, 137, 148, 160
Sc2A（自我統制の欠如，認知面）......... 87, 137, 148, 160
Sc2B（自我統制の欠如，能動面）.......... 87, 137, 148, 160
Sc2C（自我統制の欠如，抑制困難）...... 87, 137, 148, 160
Sc3（奇異な感覚体験）.... 87, 137, 148, 160
Sc尺度 31, 76
Si（社会的内向性）................................. 75
Si1（劣等・個人的不快）...................... 56
Si2（他人への不快）........................... 56
Si3（真面目・個人的頑固）.................. 56
Si4（過敏）.. 56
Si5（不信）.. 56
Si6（身体の関心，懸念）.................... 56
Si尺度 31, 76
SOC（社会的不適応）...... 88, 138, 149, 161
St（社会的地位尺度）...... 88, 138, 149, 161
STY（統合失調型パーソナリティ障害）
.... 89, 114, 139, 150, 162
StyC-LG（失調型パーソナリティ障害コア）......... 89, 139, 150, 162
Sty-LG（失調型パーソナリティ障害）
.... 89, 139, 150, 162
SZD（シゾイドパーソナリティ障害）
.... 58, 89, 114, 139, 150, 162
SzdC-LG（シゾイドパーソナリティ障害コア）...................................... 89
●
T%............................. 87, 91, 137, 148, 160
Tp（教育能力）.................................... 58
Ts（自殺の徴候尺度）..... 88, 112, 138, 149, 161
TSC/A（自閉性・分裂思考）................. 88
TSC/B（身体症状）.............................. 88
TSC/D（抑うつ・無感動）.................... 88
TSC/I（社会的内向性）....................... 88
TSC/R（憤慨・攻撃）.......................... 88
TSC/S（猜疑心・不信感）................... 88
TSC/T（緊張・心労・恐怖）................. 88

索　引　**177**

T反応率（Tper） 52

●

WA（作業態度尺度） 57, 88, 112, 138,
149, 162

●

疑問尺度（cannot say） 31
虚偽尺度（lie） 31
ゴールドバーグ指標 52

●

修正尺度（correction） 31

●

第0尺度 6, 31, 76
 ——の下位尺度 6, 15
第1尺度 6, 31, 76
第2尺度 6, 31, 76
 ——の下位尺度 ... 6, 87, 91, 92, 98, 137,
148, 160
第3尺度 6, 31, 76
 ——の下位尺度 6, 87, 93, 97, 137,
148, 160
第4尺度 6, 31, 76
 ——の下位尺度 6, 87, 93, 98, 137,
148, 160
第5尺度 6, 31, 76
 ——の下位尺度 6, 15
第6尺度 6, 31, 76
 ——の下位尺度 6, 87, 94, 98, 137,
148, 160
第7尺度 6, 31, 76
第8尺度 6, 31, 76
 ——の下位尺度 6, 87, 95, 99, 137,
148, 160
第9尺度 6, 31, 76
 ——の下位尺度 6, 87, 96, 99, 137,
148, 160

●

頻度尺度（frequency） 31
プロフィール上昇度（ME） 87

人名

●

Finn, S.E. 173
Friedman, A.F. 12, 14-17, 54, 55, 57, 58,
166
Gotts, E.E. 55, 57, 65
Graham, J.R. 54, 55, 64
Greene, R.L. 29, 54, 55, 64
Hathaway, S.R. 29, 30, 32, 34, 37, 48
Levitt, E.E. 16, 55, 57, 65, 89, 116, 117,
139, 150, 162, 170
McKinley, J.C. 29, 30, 32, 34, 37
村上宣寛 70

記号

●

Ⅰ型回答用紙 40
Ⅱ型回答用紙 40-42
Ⅲ型回答用紙 40, 41

数字

●

2点コード 6, 32, 48, 50, 51, 77, 81-84,
98, 113, 136, 151, 166
3点コード 51, 82
4点コード 82
13/31コード 83-85
37/73コード 84
60/06コード 84
67/76コード 84
69/96コード 84

アルファベット

●

A-ADHD（成人期ADHD自己評価尺度）
.... 171, 172

●

F反応総数 52

178

Harris & Lingoes 54
Hathaway Code 50

IQ 12

Koss and Butcher危機項目 59, 60

Lacher and Wrobel危機項目 59, 60
Little & Fisher 55

MiW 46, 63
MMPI
　──−1 .... 9-11, 37
　──−2 .... 13, 30, 59, 63
　──新日本版 14, 24, 25, 38, 40, 43
　カード式 9, 10, 12, 24, 30, 40, 41
　冊子式 9, 10, 12, 24, 40
　日本版── 43
　村上・村上版 37
MMPI新日本版研究会 9, 11, 16, 24, 28, 37, 54

Nicols危機項目 59, 151, 152

SCT（精研式 文章完成法テスト） 159, 172
Serkownek 54

TSC（Tryan, Stein & Chu）クラスター尺度 57
T得点 15, 47-53, 59, 71, 77, 79, 82, 83, 102, 127
　──70超過狭義臨床尺度数 53
　──70超過臨床尺度数 53
　狭義臨床尺度──平均 53
T反応総数 52

WAIS-III（ウェクスラー成人知能検査） 159, 171
Welsh Code 49, 51, 60
Wiener & Harmon 54
WMS-R（ウェクスラー記憶検査） 159

YG性格検査 32-36, 38, 40, 43

あ

インディアナ論理尺度 6, 15, 57, 88, 109-111, 138, 149, 161, 169
隠蔽項目 34, 92-94, 96

ウィギンス内容尺度 6, 15, 54, 57, 88, 104-107, 118, 138, 149, 161, 169
うつ病 34, 35, 120, 144

援助を求める叫び 17, 74, 77

主な指標 6, 70, 86, 87, 90, 91, 118, 137, 148, 160, 167

か

解釈・所見作成 6
下位尺度 6, 15, 32, 54, 56, 87, 90-101, 118, 137, 148, 160, 167
外部基準 34
解離 57, 106, 110, 120, 138, 149, 151, 153, 158, 161, 169, 172
下降型 6, 73, 74

危機項目 6, 45, 58-60, 63, 151, 152
希死念慮 172
基礎14尺度 10, 14
基礎尺度 ... 6, 13, 16, 31, 32, 42, 45-48, 51, 54, 63, 70, 71, 82, 86, 90, 118, 136, 147, 159

経験的手法 15, 31, 34
軽躁病（hypomania） 31, 75

高点記号（high point code） 50
項目番号 24, 36, 43-45, 53

索　引　179

さ

採点 6, 14, 15, 24, 40-42, 46, 47, 53, 54, 86, 90, 111
　——キー 14, 15, 46, 47, 53
　——盤 40-42, 46, 53, 54
　——プログラム ... 24, 40-42, 86, 90, 111
詐病 17

自我強度 53, 54, 88, 102, 137, 147, 148, 160
自動解釈システム 11
社会的内向性尺度 (social introversion)
　... 31, 75
受動－攻撃のV（女性）......... 6, 77, 78, 81, 147, 165
上昇型 6, 73, 74
心因性非てんかん性発作 (PNES) 157, 158
心気症 (hypochondriasis) 31, 75
神経症
　——尺度 78-81, 164, 165
　——の傾き 6, 77-79
神経衰弱 (psychastheenia) 31, 75
侵襲性 10, 42
心理療法家の布置 74

精神病 31, 32, 78-81, 91, 105, 110, 112, 120, 121, 128, 167, 169, 170, 172
　——質的偏倚 (psychopathic deviate)
　............. 31, 75, 87, 93, 137, 148, 160
　——尺度 78-81, 164, 165
　——の傾き 6, 77-79
性別違和（性同一性障害）.... 133-135, 141, 142
説明・教示 6, 24

双極Ⅱ型障害 158
粗点 31, 33, 34, 45-48, 50, 52, 53, 72, 91, 103, 121

た

大うつ病 158
タイプA質問票 9, 10, 12, 40-42, 45
タイプB質問票 10, 12, 40-42
妥当性 39
　——尺度 6, 15, 17, 31, 32, 46, 48, 49, 70-74, 77, 98, 146, 163, 164
　——尺度のプロフィールパターン 6, 73, 74
谷型（V字型）...... 6, 17, 73, 74, 77, 80, 81, 163, 165
短縮版 10, 14, 41-44
男性性・女性性尺度 (masculinity-femi-ninity) 31, 75

知的能力 9, 12
著作権 13, 14
治療関係 124, 128, 172

追加尺度 ... 6, 10, 13, 14, 30, 32, 42, 44-46, 53, 54, 57, 59, 62, 63, 70, 86-91, 97, 107, 108, 116, 118-120, 122, 124, 126, 135, 137-140, 148, 150, 160-163, 166-167
　その他の—— 6, 88, 111-113, 138, 149, 161, 169
　代表的な—— ... 6, 15, 88, 101-104, 137, 148, 160, 168

低点記号 (low point code) 50
適応障害 144
テストバッテリー 159, 173
デタラメ回答 17
転換V 6, 77, 78, 80, 81, 165

投影法 28, 35
統計法 62, 63
統合失調症 (schizophrenia) 31, 75
統合的危機項目 59
特殊尺度 32, 54, 57, 58
特性抑うつ 92, 119, 128
特定の尺度布置 6, 77, 78, 165

180

トライアン・スタイン・チュークラスター尺
　度 6, 15, 107-109, 118, 149, 169

は

●
パーソナリティ障害 16, 110, 112, 113,
　116, 120, 129
　——尺度 6, 15, 16, 57, 58, 89, 113-
　117, 138, 139, 149, 150, 161, 162, 170
発達障害（自閉スペクトラム症）... 13, 145
パラノイア（paranoia） 31, 75
パラノイドの谷 6, 77, 78, 80, 165
ハリス・リングース下位尺度 15, 87, 90,
　92, 94, 96, 118, 137, 148, 160, 167
●
ヒステリー（hysteria） 31, 75
否認傾向 72, 73, 77, 91, 101, 102, 163,
　167, 170
病態水準 16, 79, 91, 163, 170
頻用特殊尺度 54
●
フィードバック 6, 18, 24, 108, 117,
　118, 141, 153, 154, 172
服薬アドヒアランス 151
フリードマン重複尺度 ... 6, 15, 16, 57, 151
プロフィール
　——指標 51
　——の記号化（コーディング） 47, 48
　——パターン（尺度布置） 17, 32, 47,
　70-75, 77, 78, 80-82, 90, 91, 97-99,
　101, 104, 107, 109, 111, 113, 117, 136,
　147, 159, 163-165

ま

●
明瞭・隠蔽尺度（ウィーナ・ハーモン）
　.. 15, 87
明瞭項目 34, 92-94, 96
●
目録法 28, 30, 32, 34, 35, 38, 39, 44
最も閉鎖的な布置 74

や

●
山型（逆Ｖ字型） 6, 17, 73, 74, 77, 80,
　81, 146, 163, 165
●
抑うつ（depression） 31, 75

ら

●
臨床尺度 ... 6, 15, 31, 46, 48-50, 70, 71, 75,
　76, 79, 81, 82, 83, 90, 92-94, 96, 135,
　136, 147, 163, 165, 167
　——Ｔ得点平均 53
　——のプロフィールパターン 6, 77,
　164
臨床（法）的解釈 45, 63, 70
臨床法 62, 63
●
ロールシャッハ・テスト 28, 29, 43, 159,
　172, 173

編者略歴

野呂 浩史……のろ ひろし

杏林大学医学部卒業。医学博士。日本臨床MMPI研究会代表，北海道トラウマ・解離研究
会代表。南平岸内科クリニック院長。日本精神神経学会精神科専門医・指導医。日本神経
学会認定神経内科専門医・指導医。日本臨床精神神経薬理学会認定・臨床精神神経薬理学
専門医。日本児童青年精神医学会認定医。子どものこころ専門医機構認定・子どものここ
ろ専門医。日本不安症学会評議員。専門は不安障害の薬物療法および認知行動療法，解離
性障害・トラウマ関連疾患などの心理査定ならびに包括的治療。

主著──『パニック障害セミナー』(分担執筆・日本評論社［2004］)，「解離性障害」『季刊 こ
ころのりんしょうà・la・carte』28-2 (分担執筆・星和書店［2009］)，『解離性障害（専門医の
ための精神科臨床リュミエール20)』(分担執筆・中山書店［2009］)，『わかりやすいMMPI活
用ハンドブック──施行から臨床応用まで』(共編・金剛出版［2011］)，『嘔吐恐怖症』(編著・
金剛出版［2013］)，『トラウマセラピー・ケースブック──症例にまなぶトラウマケア技法』
(編著・星和書店［2016］)，『メンタルクリニックでの主要な精神疾患への対応 (2) 不安障
害，ストレス関連障害，身体表現性障害，嗜癖症，パーソナリティ障害（外来精神科診療
シリーズ)』(共著・中山書店［2016］) ほか多数。　　　　　　［序文・第2章・第4章症例①］

荒川 和歌子……あらかわ わかこ

札幌学院大学大学院臨床心理学研究科修了。南平岸内科クリニック臨床心理部門臨床心理
士。不安症の認知行動療法や，解離性障害，PTSDなどトラウマ関連疾患の心理査定・治
療に関心を持ち取り組んでいる。日本臨床MMPI研究会および北海道トラウマ・解離研究
会の事務局を担当。所属学会は，日本心理臨床学会，日本トラウマティック・ストレス学
会，日本EMDR学会，日本不安症学会など。解離性障害患者のMMPIプロフィールについ
ての論文，パニック障害と嘔吐恐怖症に関する論文（共著）などを執筆している。

主著──『解離性障害（専門医のための精神科臨床リュミエール20)』(分担執筆・中山書店
［2009］)，『わかりやすいMMPI活用ハンドブック──施行から臨床応用まで』(共編・金剛出
版［2011］)，『嘔吐恐怖症』(分担執筆・金剛出版［2013］)，『トラウマセラピー・ケースブッ
ク──症例にまなぶトラウマケア技法』(分担執筆・星和書店［2016］)。
　　　　　　　　　　　　　　　　　　　　　　　　　　　　　［第1・2・3章・第4章症例①③］

井手 正吾……いで せいご

中京大学大学院文学研究科臨床心理学専攻修士課程修了，文学修士。札幌学院大学人文学
部教授。大学院にて臨床心理士養成教育に努める。病院臨床，人格検査（主にロール
シャッハ，MMPI）を専門とする。MMPI新日本版研究会運営委員。日本心理臨床学会，
日本精神分析学会，日本ロールシャッハ学会，日本教育心理学会，ほか所属。

主著──『心理検査の基礎と臨床』(分担執筆・星和書店［1987］)，『MMPI新日本版の標準化
研究』(分担執筆・三京房［1997］)，『ヘルスケアのためのコミュニケーション──理論に基
づいたコミュニケーション技法訓練』(分担翻訳・廣川書店［1999］)，『家族描画法ハンド
ブック』(分担執筆・財団法人矯正協会［2002］)，『ファーマシューティカルコミュニケーショ
ン』(共著・南山堂［2005］)，『わかりやすいMMPI活用ハンドブック──施行から臨床応用
まで』(共編・金剛出版［2011］) ほか多数。　　　　　　　　　　　　　　　　　［第1・2章］

著者略歴（50音順）

岡村 由美子……おかむら ゆみこ

上智大学大学院文学研究科心理学専攻臨床心理学コース博士前期課程修了。臨床心理士。東京大学医学部付属病院精神神経科勤務。心理療法，心理検査（ロールシャッハ，WAISなど）に従事。所属学会は，日本心理臨床学会，日本精神分析学会，包括システムによる日本ロールシャッハ学会。

主著──『精神神経疾患ビジュアルブック』（分担執筆・学研プラス［2015］），『フロイト症例論集2──ラットマンとウルフマン』（分担翻訳・岩崎学術出版社［2017］）。　　　［第4章症例③］

松原 弘泰……まつばら ひろやす

埼玉大学教育学部卒業。上越教育大学大学院発達臨床コース心理臨床分野修了。臨床心理士。警視庁，法務省少年院・少年鑑別所にて勤務。現在は静岡県立こころの医療センター主任。主に心理査定業務，心理教育および慢性重症・司法病棟にて医療観察法業務に関わる。所属学会は司法精神医学会，日本心理臨床学会，日本カウンセリング学会，日本精神障害者リハビリテーション学会等。特定非営利活動法人「青少年就労支援ネットワーク静岡」理事。共著論文「医療観察法病棟退院申請時の生活機能と通院移行後の暴力行動との関連の探索」，「医療観察法指定医療機関ネットワークによる共通評価項目の信頼性と妥当性に関する研究（代表者：壁屋康洋，共同研究者：高橋昇他）」等。　　　［第4章症例②］

りんしょうげんばいかす！
臨床現場で活かす！
きそへん
よくわかるMMPIハンドブック（基礎編）

2018年3月10日　印刷
2018年3月20日　発行

監修──────日本臨床MMPI研究会
編集──────野呂浩史　荒川和歌子　井手正吾

発行者──────立石正信
発行所──────株式会社 金剛出版
　　　　　　　　〒112-0005 東京都文京区水道1-5-16　電話 03-3815-6661　振替 00120-6-34848

装丁◉戸塚泰雄（nu）　本文組版◉石倉康次　印刷・製本◉太平印刷社
ISBN978-4-7724-1604-7 C3011　©2018 Printed in Japan

ロールシャッハ・テスト
包括システムの基礎と解釈の原理

［著］＝ジョン・E・エクスナー　［監訳］＝中村紀子　野田昌道

●B5判　●上製　●776頁　●定価 **18,000**円＋税
● ISBN978-4-7724-1082-3 C3011

テストの施行法や解釈の原理に加え，
テストの成り立ち，性質，基礎的研究がすべて網羅され，
包括システムの基礎と原理が習得できる，
ロールシャッハを用いるすべての臨床家・検査者必携の一冊。

ロールシャッハ・テスト ワークブック 第5版

［著］＝ジョン・E・エクスナー　［監訳］＝中村紀子ほか

●B5判　●並製　●248頁　●定価 **5,200**円＋税
● ISBN978-4-7724-0777-9 C3011

最新のシステムに対応し，
コード化とスコアリングのためのポイントが懇切丁寧に解説され，
さらにトレーニングのために多くの練習問題を掲載した，
包括システムを理解・実施するための必携書。

ロールシャッハ・テスト 図版

ヘルマン・ロールシャッハ

●B5変型判　●10枚組　●定価 **16,000**円＋税

インクのしみという偶然から創り出された
「世界共通の刺激」によって
立体的に被検者を査定する
スイス直輸入＋ Verlag Hans Huber 公認のロールシャッハ・テスト図版。